The Little Prince

O Pequeno Príncipe

Bilingual parallel text - Texto bilíngue em paralelo:
English - Brazilian Portuguese / Inglês - Português Brasileiro

Antoine de Saint-Exupéry

Publisher's Notes – Notas do editor

This book/eBook is based on the work of Antoine de Saint-Exupéry "Le Petit Prince".

The text of the tale is complete and unabridged with all original drawings.

Translated by Wirton Arvel and Frederico Perin.

Editors and proof readers of this edition: Elizabeth Wright, Brunella Pernigotti and Leonardo L. S. Simon.

Ex libris is a quote from a poem of the author (from "Wandering Among the Stars").

***

Copyright © 2016 Wirton Arvel
wirtonarvel@kentauron.com

Digital Edition October 2016

First Printed Edition October 2016

ISBN-13: 978-1974188642

ISBN-10: 1974188647

10 9 8 7 6 5 4 3 2 1

Contents – Índice

Dedication – Dedicatória

To Léon Werth

Children, forgive me for dedicating this book to a grown-up. I have a very good reason for this: this grown-up is my best friend in the whole world. And I have another reason: this grown up can understand anything, even books for children. And I have a third; this grown-up lives in France, where he is cold and hungry. He needs cheering up. And if all these reasons aren't enough, then I'd like to dedicate it to the child this grown-up used to be. All grown-ups started life as children. (But not many of them remember that.) So I correct my dedication:

To Léon Werth
when he was a little boy

Para Léon Werth

Eu peço desculpas às crianças por ter dedicado este livro a um adulto. Tenho uma boa razão: este adulto é o melhor amigo que tenho no mundo. Eu tenho outro motivo: este adulto pode entender tudo, até mesmo os livros para crianças. Eu tenho um terceiro motivo: esse adulto vive na França onde ele tem fome e frio. Ele tem necessidade de ser consolado. Se todos estes motivos não forem suficientes, eu quero dedicar este livro à criança que foi anteriormente este adulto. Todos os adultos já foram crianças. (Mas poucos deles se lembram disto). Então, corrijo minha dedicatória:

Para Léon Wert
quando ele era uma criança

Antoine de Saint-Exupéry

ii

I

Once when I was six years old I saw a wonderful picture in a book about the ancient forests called True Stories. It was a picture of a boa constrictor swallowing an animal. Here is a copy of the drawing.

Quando eu tinha seis anos, vi uma vez, uma imagem magnífica, em um livro sobre a floresta virgem, que se chamava Histórias vividas. Ela mostrava uma jiboia que engoliu uma fera. Eis a cópia do desenho.

It said in the book, 'Boa constrictors swallow their prey whole, without chewing it. Then they can't move anymore, so they go to sleep for the six months they need to digest it'.

Afterwards I couldn't stop thinking about the adventures in the jungle, and in my turn, I too managed to draw my first picture, with a coloured pencil. My drawing Number 1. It looked like this:

Dizia-se no livro: "as jiboias engolem sua presa inteira, sem a mastigar. Em seguida, elas não podem mais se mexer e dormem durante os seis meses da sua digestão".

Então eu refleti muito sobre as aventuras na selva e, por minha vez, consegui, com um lápis de cor, fazer meu primeiro desenho. Meu desenho número um. Ele era assim:

I showed my masterpiece to the

Eu mostrei minha obra-prima aos

grown-ups, and asked them if my drawing frightened them.

They answered, "Why would we be frightened by a hat?"

My drawing was not a picture of a hat. It was a picture of a boa constrictor digesting an elephant. So I drew the inside of the boa constrictor, to make everything clear to the grown-ups. They always need to have things explained to them. My drawing Number 2 came out like this:

adultos e perguntei-lhes se meu desenho lhes dava medo.

Eles me responderam: "Por que um chapéu daria medo?"

Meu desenho não representava um chapéu. Ele representava uma jiboia digerindo um elefante. Então eu desenhei o interior da jiboia, para que os adultos pudessem entender. Eles sempre precisam de explicações. Meu desenho número 2 era assim.

The grown-ups' advice was to give up my drawings of boa constrictors, seen from the inside and the outside, and concentrate on history, geography, arithmetic and grammar instead. That was how, at the age of six, I came to abandon a magnificent career as a painter. I was discouraged by the lack of success of drawing Number 1 and drawing Number 2. Grown-ups can never understand anything on their own, and it's exhausting for children always to have to be explaining things to them …

So I had to choose a different career and I learnt to fly aeroplanes. I flew pretty much all over the world. And, to be fair, the geography helped a lot. I could tell China from Arizona at first sight. And this can be useful, if you get lost at night.

Over the course of my life I've had lots of contacts with lots of serious-minded people. I've spent a

Os adultos me aconselharam a deixar de lado os desenhos de jiboias abertas ou fechadas, e me interessar, de preferência, à geografia, à história, ao cálculo e à gramática. Foi assim que, ao seis anos de idade, eu abandonei uma magnífica carreira de pintor. Eu fui desencorajado pelo insucesso do meu desenho número 1 e do meu desenho número 2. Os adultos nunca entendem nada sozinhos, e é cansativo, para as crianças, sempre lhes dar explicações...

Eu tive, portanto, que escolher uma outra profissão e aprendi a pilotar aviões. Eu voei por todo o mundo. E a geografia, é verdade, me ajudou muito. Eu sabia reconhecer, à primeira vista, a China do Arizona. Isto é útil se você está perdido durante a noite.

Assim, eu tive, ao longo de minha vida, muitos contatos com muitas pessoas

lot of time living among grown-ups. I've studied them at very close quarters. That hasn't made me think any better of them.

Whenever I met one who seemed at all sensible, I tried out an experiment. I showed them my drawing number 1, which I had always kept. I wanted to know if they had real understanding. But they always said, "It's a hat." So I never talked to them about boa constrictors, or ancient forests, or stars. I went down to their level. I talked to them about bridge, about golf, about politics and ties. And the grown-up would be very happy to have met such a sensible person ...

sérias. Tenho vivido muito com os adultos. Eu os tenho visto bem de perto. Isto não tem melhorado muito minha opinião.

Quando eu encontrava um, que me parecia um pouco lúcido, eu fazia uma experiência com ele sobre meu desenho número 1, que eu sempre guardei. Eu queira saber se ele realmente entendia. Mas ele sempre me respondia: "É um chapéu." Então eu não lhe falava nem de jiboias, nem de florestas virgens, nem de estrelas. Eu entrava no seu alcance. Eu lhe falava de bridge, de golfe, de política e de gravatas. E o adulto ficava contente por conhecer um homem tão sensato...

II

So I lived alone, without anyone I could really talk to, until six years ago, when my plane crashed in the Sahara desert. There was something wrong with the engine. I had no mechanic with me, and no passengers, so I had to try to get a difficult repair job done all on my own. It was a matter of life or death for me. I had barely enough water to last me eight days.

So the first night I fell asleep on the sand, a thousand miles from any inhabited place. I was much more isolated than any shipwrecked sailor on a raft in the middle of the ocean. So you can just imagine my surprise, at daybreak, when a funny little voice woke me up, saying:

— Please ... draw me a sheep!

— What?

— Draw me a sheep.

I jumped to my feet as if I'd been struck by lightning. I rubbed my eyes hard. I looked all around me. And I set eyes on a quite extraordinary little gentleman, looking at me solemnly. Here is the best picture of him that I could manage, afterwards.

E assim, eu vivi sozinho, sem ninguém com que eu pudesse falar realmente, até uma pane no deserto de Saara, há seis anos. Alguma coisa havia quebrado no motor. E como não tinha comigo nem mecânico, nem passageiros, eu me preparei para, sozinho, um difícil conserto. Para mim era uma questão de vida ou morte. Eu tinha água para beber só por oito dias.

O primeiro dia eu dormi na areia, a milhares de milhas de qualquer terra habitada. Eu estava bem mais isolado do que um náufrago em uma jangada no meio do oceano. Portanto vocês podem imaginar minha surpresa, ao nascer do dia, quando uma vozinha engraçada me acordou. Ela dizia:...

— Por favor... desenhe-me um carneiro!

— Hein?

— Desenhe-me um carneiro...

Eu dei um pulo como se tivesse sido atingido por um raio. Eu esfreguei bem meus olhos. Eu olhei bem. E eu vi um menino realmente extraordinário, que me olhava seriamente. Eis o melhor retrato que, mais tarde, consegui fazer dele.

But my drawing certainly doesn't do justice to the original. This is not my fault. I was put off from my artistic career by the grown-ups, when I was six, and I never learned to draw, except for boa constrictors seen from the inside and the outside.

I stared at this apparition, wide-eyed with astonishment. Don't forget I was a thousand miles from any inhabited place. Yet the little gentleman didn't seem to be either lost, or dying from exhaustion, hunger, thirst, or fear. He didn't seem in the least like a lost child, in the middle of a desert, a thousand miles from any inhabited place. When at last I managed to get a

Mas meu desenho, claro, é muito menos encantador que o modelo. Não é culpa minha. Eu havia sido desencorajado da carreira de pintor pelos adultos, quando tinha seis anos, e não tinha aprendido a desenhar nada, a não ser jiboias fechadas e jiboias abertas.

Então eu olhei esta aparição com os olhos bastante arregalados de espanto. Não se esqueçam de que me encontrava a mil milhas de qualquer região habitada. Meu homenzinho não me parecia nem perdido, nem morto de cansaço, nem morto de fome, nem morto de sede, nem morto de medo. Ele não tinha, de modo algum, a aparência de uma criança perdida no meio do deserto, a mil milhas de distância de qualquer região habitada. Quando eu

word out, I said:

— But what are you doing there?

So he said it again, very gently, as if it was a very important matter:

— Please ... draw me a sheep ...

Faced with such an overwhelming mystery, you daren't disobey. Ridiculous as it seemed, a thousand miles from any inhabited place, with my life in danger, I took a pen and a piece of paper out of my pocket. But then I remembered that I had mostly studied geography, history, arithmetic and grammar, and, (a little crossly) I told the little gentleman that I couldn't draw. His reply was:

— That doesn't matter. Draw me a sheep.

As I'd never drawn a sheep, I re-drew for him one of the only two drawings that I could do. The one of the boa constrictor from the outside. And I was flabbergasted to hear the little gentleman reply:

— No! No! I don't want some elephant inside a boa constrictor. A boa constrictor is very dangerous, and an elephant very unwieldy. Where I come from, everything is very small. I need a sheep. Draw me a sheep.

So I drew one.

consegui finalmente falar, eu lhe disse:

— Mas o que você faz aqui?

E ele me respondeu em seguida, suavemente, como uma coisa muito séria:

— Por favor... desenhe-me um carneiro...

Quando o mistério é muito impressionante, não se ousa desobedecer. Por mais absurdo que isso parecia a mil milhas de todos os lugares habitados e com a vida em perigo, eu tirei do meu bolso uma folha de papel e uma caneta-tinteiro. Mas eu me lembrei em seguida de que havia estudado principalmente geografia, história, aritmética e gramática, e disse ao menino (com um pouco de mau humor) que eu não sabia desenhar. Ele me respondeu:

— Não tem importância. Desenhe um carneiro para mim.

Como eu nunca tinha desenhado um carneiro, eu desenhei para ele um dos dois únicos desenhos que eu era capaz de fazer. Aquele da jiboia de boca fechada. E eu fiquei estupefato ao ouvir o menino me responder:

— Não! Não! Eu não quero um elefante dentro de uma jiboia. Uma jiboia é muito perigosa, e um elefante é muito pesado. Onde moro tudo é pequeno. Eu preciso de um carneiro. Desenhe-me um carneiro.

Então eu desenhei.

He studied it carefully, then said:

— No! that one is very sick already. Do me another.

So I did.

Ele olhou atentamente, e disse:

— Não! Este está muito doente. Faça um outro.

Eu desenhei:

My friend smiled at me kindly, indulgently.

— Can't you see ... That's not a sheep, it's a ram. It's got horns ...

So I did my drawing again.

Meu amigo sorriu gentilmente, com indulgência:

— Bem se vê... isto não é um carneiro, é um bode. Tem chifres...

Então eu refiz meu desenho de novo:

But it was refused, like the ones before it.

— That one's too old. I want a sheep that will live for a long time.

I was running out of patience and looking forward to making a start on taking my engine apart. So I scribbled down this picture here.

Mas ele foi recusado, como os anteriores:

— Esse é muito velho. Eu quero um carneiro que viva muito tempo.

Assim, por falta de paciência, como eu estava apressado para começar a desmontagem do meu motor, rabisquei este desenho:

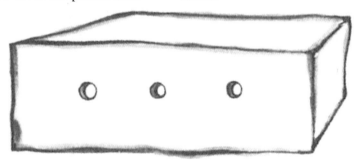

And I threw at him:

— That's the box. The sheep you want is inside.

I was very surprised to see my young judge's face light up.

— That's just what I wanted! Do you think this sheep will need a lot of grass?

E eu exclamei:

— Esta é a caixa. O carneiro que você quer está dentro.

Mas eu fiquei muito surpreso ao ver o rosto de meu jovem juiz se iluminar:

— É bem do jeito que eu queria! Você acha que será necessário muita grama para este carneiro?

— Why?

— Because where I live everything is very small ...

— Surely there'll be enough. I've given you a very small sheep.

He bent over the drawing.

— Not so small that ... Oh! She's gone to sleep ...

And that's how I met the little prince.

— *Por quê?*

— *Porque onde eu moro tudo é muito pequeno...*

— *Certamente isto será suficiente. Eu lhe dei um carneiro muito pequeno.*

Ele inclinou a cabeça sobre o desenho:

— *Não é tão pequeno que... Olhe! Ele adormeceu...*

E foi assim que fiquei conhecendo o pequeno príncipe.

III

It took me a long time to understand where he came from. The little prince, who kept on asking me lots of questions, never seemed to listen to mine. It was from his chance remarks that, little by little, I pieced everything together. So, when he saw my aeroplane for the first time (I won't

Demorei um tempo para entender de onde ele vinha. O pequeno príncipe, que me fazia muitas perguntas, parecia jamais ouvir as minhas. Foram as palavras ditas por acaso que, pouco a pouco, me revelaram tudo. Então, quando ele viu pela primeira vez meu avião (eu não desenharei meu avião, é um desenho complicado demais para mim), ele me

draw my aeroplane, it's much too complicated for me) he asked:

— What's that thing there?

— It's not a thing. It flies. It's an aeroplane. It's my aeroplane.

And I was proud to tell him that I could fly. Then he cried;

— What? You fell from the sky?

— Yes, — I replied, modestly.

— Oh! How funny …

And the little prince broke out into a lovely peal of laughter that really annoyed me. I want people to take my misfortunes seriously. Then he added:

— So you came down from the sky as well! What planet are you from?

At once I saw a glimmer of hope in the mystery of his presence, and I abruptly asked him:

— Do you come from another planet, then?

But there was no reply. He gazed at my aeroplane, gently shaking his head.

— You certainly can't have come from very far away on that …

And he sank into a reverie that lasted a long time. Then he took my drawing of the sheep out of his pocket, and fell to contemplating his treasure.

You can imagine how intrigued I was by this half-confidence about 'other planets'. So I made an effort to find out more about it.

— Where do you come from, my little man? Where is your home? Where do you want to take my

perguntou:

— O que é aquela coisa?

— Não é uma coisa. Aquilo voa. É um avião. É meu avião.

E eu estava orgulhoso de dizer a ele que eu voava. Então ele gritou:

— O quê?! Você caiu do céu?!

— Sim, — eu respondi, modestamente.

— Ah! Isso é engraçado...

E o pequeno príncipe deu uma bela gargalhada, que me irritou muito. Eu gosto que meus infortúnios sejam levados à sério. Depois, ele acrescentou:

— Então, você também vem do céu! De qual planeta você é?

Imediatamente eu vislumbrei um brilho no mistério da sua presença, e eu lhe perguntei bruscamente:

— Então você vem de outro planeta?

Mas ele não me respondeu. Ele balançou a cabeça lentamente enquanto olhava para o meu avião:

— É verdade que, naquilo ali, você não pode ter vindo de muito longe...

E ele afundou em um devaneio que durou um longo tempo. Então, tirando meu carneiro do seu bolso, ele mergulhou na contemplação do seu tesouro.

Você pode imaginar como eu estava intrigado por esta meia-confidência sobre os "outros planetas". Então eu me esforcei para saber mais:

— De onde você vem meu garoto? Onde fica a "sua casa"? Para onde você

sheep to?

After a meditative silence he replied:

— The good thing about the box you gave me is that, at night, she can make it her home.

— Certainly. And if you're good I'll give you rope to tie her up during the day. And a post.

The little prince seemed shocked at this suggestion.

— Tie her up? What a funny idea!

— But if you don't tie her up, she'll wander off somewhere and get lost …

And my friend burst out laughing again:

— But where do you think she would go?

— Anywhere. Straight ahead of her.

Then the little prince solemnly said:

— That doesn't matter, it's so small where I live.

And he added, perhaps with a faint touch of sadness,

— Straight ahead won't get you very far …

quer levar meu carneiro?

Ele me respondeu após um silêncio meditativo:

— O bom sobre a caixa que você me deu, é que, à noite, ela lhe servirá de casa.

— Claro. E se você for gentil, eu também lhe darei uma corda para amarrá-lo durante o dia. E uma estaca.

A proposta pareceu chocar o pequeno príncipe.

— Amarrá-lo? Que ideia engraçada!

— Mas se você não amarrá-lo, ele irá para qualquer lugar e se perderá...

E meu amigo deu mais uma risada:

— Mas para onde você quer que ele vá?

— Em qualquer lugar. Andando para frente...

Então o pequeno príncipe comentou, sério:

— Não importa, é tão pequeno, onde eu moro!

E, talvez, com um pouco de melancolia, ele acrescentou:

— Mesmo se andando para frente, não se pode ir muito longe.

IV

So I had learnt something else, very important: that the planet he came from was hardly bigger than a house.

But that didn't really surprise me very much. I knew perfectly well that besides the great, big planets like Earth, Jupiter, Mars, Venus and the others that have been given a name there are hundreds of others that are sometimes so tiny that it's very hard to spot them with a telescope. When an astronomer discovers one of these he gives it a number instead of a name. For instance, he might call it 'Asteroid 325'.

Eu também tinha aprendido uma segunda coisa muito importante: é que seu planeta de origem era pouco maior que uma casa.

Isto não podia me espantar muito. Eu bem sabia que além dos grandes planetas como a Terra, Júpiter, Marte, Vênus, aos quais lhes foram dados nomes, há centenas de outros que são, às vezes, tão pequenos que se tem muita dificuldade para percebê-los no telescópio. Quando um astrônomo descobre um deles, ele lhe dá como nome, um número. Ele o chama por exemplo: "asteroide 325".

I have good reasons for thinking that the planet the little prince came from is Asteroid B-612. This asteroid was only spotted through a telescope once, in 1909, by a Turkish astronomer.

Eu tenho sérios motivos para crer que o planeta de onde veio o pequeno príncipe é o asteroide B 612. Esse asteroide só foi visto uma vez através do telescópio, em 1909, por um astrônomo turco.

So he made a great presentation of his discovery at an international conference of astronomy. But no one believed him because of his costume. Grown-ups are like that.

Ele fez então uma grande demonstração de sua descoberta em um congresso Internacional de astronomia. Mas ninguém acreditou nele por causa do seu traje. Os adultos são assim.

Fortunately for asteroid B-612's reputation, a Turkish dictator imposed Western dress on his people, on pain of death. The astronomer repeated his presentation in 1920, wearing a very elegant suit. And this time everyone agreed with him.

Felizmente, para a reputação do asteroide B 612, um ditador turco impôs ao seu povo, sob pena de morte, vestir-se segundo à moda europeia. O astrônomo refez sua demonstração em 1920 usando um traje muito elegante. E desta vez, todo mundo aceitou seu anúncio.

 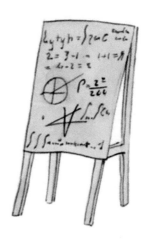

The reason I've given you these details about Asteroid B-612 and revealed its number is because of grown-ups. Grown-ups love figures. When you tell them about a new friend they never ask you about the things that really matter. They never say: " What does his voice sound like? What are his favourite games? Does he collect butterflies?" They ask: "How old is he? How many brothers does he have? How much does he weigh? What is his father's salary?" Only then do they think they've come to know him. If you say to grown-ups "I've seen a lovely house built of pink bricks, with geraniums at the windows and doves on the roof," they'll never be able to picture that house. You'd have to say: "I've seen a house worth a hundred thousand francs." Then they'd exclaim: "Isn't that lovely!"

Equally, if you tell them: "The proof that the little prince existed is that he was fascinating, that he laughed, that he wanted a sheep. If someone wants a sheep it proves that they exist," they'd shrug their shoulders and treat you like a child!

Se eu lhe contei esses detalhes sobre o asteroide B 612 e se eu lhe confiei seu número, é por causa dos adultos. Os adultos gostam de números. Quando você lhes fala de um novo amigo, eles jamais lhe perguntam sobre o essencial. Eles nunca lhe perguntam: "Qual é o som de sua voz? Que jogos ele prefere? Ele coleciona borboletas?" Eles lhe perguntam: "Qual é a sua idade? Quantos irmãos ele tem? Quanto ele pesa? Quanto seu pai ganha?" Só então eles acham que o conhecem. Se você disser aos adultos. "Vi uma bela casa de tijolos cor de rosa, com gerânios nas janelas e pombas no telhado..." Eles não conseguem imaginar esta casa. É preciso dizer-lhes: "Vi uma casa de cem mil francos". Então exclamam: "Como é bonita!".

Portanto, se você lhes disser: "A prova de que o pequeno príncipe existiu é que ele era encantador, que ele ria, e ele queria um carneiro. Quando alguém quer um carneiro, é a prova de que se existe", Eles (os adultos) encolherão os ombros e o

But if you tell them "The planet he came from is Asteroid B-612" they'll be convinced, and leave you in peace from their questions. They're like that. You mustn't blame them. Children have to be very tolerant towards grown-ups.

For sure, those of us who understand about life couldn't care less about numbers! I would have liked to start this story off like a fairy tale. I'd have liked to say:

"Once upon a time, there was a little prince who lived on a planet not much bigger than he was himself, and he wanted a friend ..." This would have seemed much more convincing to those who understand about life.

For I don't want my book to be taken lightly. It's taken too much out of me to write these reminiscences. It's now six years since my friend went away with his sheep. If I'm attempting to write about him here, it's so I don't forget. It's sad to forget a friend. Not everyone has had a friend. And I could become like the grown-ups who only care about figures. So that's why I've bought a box of paints and some pencils. It's hard to take up drawing again at my age, when the only other attempts I've made are boa constrictors seen from the inside and the outside, at the age of six! I'm certainly going to try to get the best likenesses possible. But I'm not at all sure I'll succeed. One drawing works and another looks nothing like what it is supposed to. I also get his height

tratarão como uma criança! Porém, se você lhes disser: "O planeta de onde eu vim é o asteroide B 612", então eles ficarão convencidos, e o deixarão tranquilo com suas perguntas. Eles são assim. Não é preciso culpá-los. As crianças devem ser muito indulgentes com os adultos.

Mas, é claro, nós que compreendemos a vida, nós zombamos muito dos números! Eu gostaria de começar esta história no estilo dos contos de fadas. Eu teria gostado de dizer:

"Era uma vez um pequeno príncipe que vivia em um planeta pouco maior que ele, e que precisava de um amigo...". Para aqueles que compreendem a vida, isto teria tido um ar muito mais verdadeiro.

Porque eu não gosto que se leia meu livro superficialmente. Eu me sinto tão triste ao contar essas lembranças. Já faz seis anos que meu amigo foi embora com seu carneiro. Se eu tento descrevê-lo aqui é para não esquecê-lo. É triste esquecer um amigo. Nem todo mundo teve um amigo. E eu posso tornar-me como os adultos, que apenas se interessam pelos números. Então foi por isso mesmo que eu comprei uma caixa de tintas e uns lápis. É difícil voltar ao desenho, na minha idade, quando eu nunca fiz outras tentativas além daquela de uma jiboia fechada e daquela de uma jiboia aberta, quando eu tinha seis anos de idade! Vou tentar, é claro, fazer os retratos mais parecidos possíveis. Mas eu não tenho certeza do sucesso. Um desenho passa, e o outro não se parece muito, eu também me engano um pouco quanto a seu tamanho. Aqui, o

wrong. The little prince is too tall in one and too short in another. And I'm not sure of the colour of his clothes. So I struggle along one way or another, the best I can. I'm sure to make mistakes over some of the most important details. But you'll have to forgive me for that. My friend never explained anything. Perhaps he thought I was like him. But, personally, I'm afraid I can't see sheep inside boxes. Perhaps I'm a bit like the grown-ups. I've had to grow old.

pequeno príncipe é muito grande. Ali, ele é muito pequeno. Eu também hesito quanto a cor do seu traje. Então eu arrisquei aqui e ali, o melhor possível. Enfim, cometi erros em alguns detalhes mais importantes. Mas peço perdão por isso. Meu amigo nunca me deu explicações. Ele achava que eu poderia ser semelhante a ele. Mas infelizmente, eu não consigo ver carneiros através de caixas. Talvez eu possa ser um pouco como as pessoas adultas. Eu tive que envelhecer.

V

Every day I learned something about the planet, his departure and his journey. This happened very gradually, from his chance reflections. Thus it was that, on the third day, I learnt about the tragedy of the baobabs.

This time once again I had the sheep to thank, because the little prince suddenly asked me, as if overtaken by a grave doubt:

— It's true, isn't it, that sheep eat shrubs?

— Yes, that's true.

— Ah! I'm so glad.

I had no idea why it was so important that sheep should eat shrubs. But the little prince added:

— So would they also eat baobabs?

I pointed out to the little prince that baobabs aren't shrubs, but trees as tall as churches, and that even if he took with him a whole herd of elephants they would never get through a single baobab.

The idea of the herd of elephants made the little prince laugh.

— We'd have to put them one on top of the other …

A cada dia eu aprendia alguma coisa sobre o planeta, sobre a partida, sobre a viagem. Isso vinha muito lentamente, ao acaso das reflexões. Assim, no terceiro dia eu fiquei sabendo do drama dos baobás.

Desta vez, novamente, foi graças ao carneiro, pois de repente, o pequeno príncipe me perguntou, como se tomado por uma séria dúvida:

— É verdade, não é, que os carneiros comem arbustos?

— Sim. É verdade.

— Ah! Fico feliz!

Eu não entendi por que era tão importante que os carneiros comessem os arbustos. Mas o pequeno príncipe acrescentou:

— Por causa disso, eles também comem baobás?

Salientei ao pequeno príncipe que os baobás não são arbustos, mas árvores grandes como igrejas e que, mesmo que ele levasse consigo uma manada inteira de elefantes, a manada não iria acabar com um único baobá.

A ideia da manada de elefantes fez o pequeno príncipe rir:

— Seria necessário colocá-los uns sobre os outros...

But he made a wise remark.

— Baobabs start off by being little, before they grow big.

— That's true! But why do you want your sheep to eat the little baobabs?

He answered: — Oh, come on! — as if it was obvious. And I needed a supreme mental effort to understand this problem on my own.

As it turned out, on the little prince's planet, as with all the other planets, there were good plants and bad ones. And, as a result, good seeds from good plants and bad seeds from bad plants. But the seeds are invisible. They lie dormant

Mas ele comentou com sabedoria:

— Os baobás, antes de crescerem assim, começam pequenos.

— É isso mesmo! Mas por que você quer que os carneiros comam os pequenos baobás?

Ele me respondeu: — Bem! Vejamos! — Como se tratasse de uma evidência. E me foi preciso um grande esforço mental para compreender, por mim mesmo, esse problema.

E, de fato, no planeta do pequeno príncipe, havia, como em todos os planetas, ervas boas e ervas daninhas. Consequentemente, boas sementes de boas plantas e sementes más, de ervas daninhas. Mas as sementes são invisíveis. Elas

in the ground, secretly, until one of them has the idea of waking up. Then it stretches up, and, timidly at first, pushes up a lovely little shoot, harmlessly, towards the sun. If it's the shoot of a radish, or a rose, you can leave it to grow however it wants. But if it's a bad plant you have to pull it up as quickly as you can, as soon as you know what it is. Now there were some terrible seeds on the little prince's planet ... they were baobab seeds. The soil on the planet was infested with them. Now, if you catch it too late, a baobab is something you will never be able to get rid of again. It clutters up the whole planet. Its roots go right through. And if the planet is too small, and there are too many baobabs, they'll break it all up.

dormem no segredo da terra, até que uma delas tem a fantasia de acordar. Então, ela se estende, e empurra, primeiro timidamente para o sol um belo galhinho inofensivo. Se for um galho de rabanete ou de roseira, pode-se deixá-lo crescer como ele quiser. Mas se for uma erva daninha, deve-se arrancar a planta imediatamente, tão logo que se a reconheça. Ora, havia algumas sementes terríveis no planeta do pequeno príncipe... Eram as sementes de baobás. O solo do planeta estava infestado. Ora, um baobá, se isso for feito muito tarde, não se consegue mais livrar-se dele. Ele encobre todo o planeta. Ele penetra suas raízes. E se o planeta for muito pequeno, e os baobás forem muito numerosos, eles o quebram.

"It's a question of discipline", the little prince said to me later. "When you've attended to your own needs in the morning, you've got to attend carefully to the needs of the planet. You've got to make yourself pull up the baobabs regularly the

"É uma questão de disciplina", disse-me mais tarde o pequeno príncipe. "Quando se termina as necessidades da manhã, deve-se fazer cuidadosamente as necessidades do planeta. É preciso se obrigar a arrancar regularmente os baobás

21

moment you can tell them apart from the roses, they look so much like them when they are very young. It's very tedious work, but not at all difficult."

And one day he told me to work on a beautiful picture, to get it into the heads of the children back home. "It could be very useful to them if they travel one day," he told me. "Sometimes there is no harm in putting off work till later. But if you're talking about baobabs this always means catastrophe. I knew a planet that was inhabited by a lazy man. He neglected three shrubs …"

And so, I drew that planet as the little prince told me. I hardly like to sound moralistic, but the danger of baobabs is so little known, and the risks they pose to someone who might get lost on an asteroid are so considerable, that I have made an exception for once and not held back. "Children! Look out for the baobabs!" I said. It's so as to warn my friends of the danger they've so narrowly missed for such a long time, without being any more aware of it than I was myself, that I've worked so hard on this picture. The lesson I was teaching them was worth the trouble. Perhaps you are wondering: "Why are none of the other pictures in this book as grand as the picture of the baobabs?" The answer is quite simple: I tried but I couldn't manage it. When I drew the baobabs I was inspired by a sense of urgency.

tão logo se os distinguem das roseiras com as quais se assemelham muito quando eles são muito jovens. É um trabalho muito tedioso, mas muito fácil."

E um dia ele me aconselhou a me aplicar em fazer um belo desenho, para fazer isso entrar bem na cabeça das nossas crianças. "Se um dia elas viajarem, isto poderá ser útil para elas. Não há nenhum mal em adiar seu trabalho. Mas quando se trata de baobás, é sempre uma catástrofe. Conheci um planeta habitado por um preguiçoso. Ele negligenciou três pequenos arbustos...".

E com as indicações do pequeno príncipe, eu desenhei este planeta. Eu não gosto de assumir o tom de moralista. Mas o perigo de baobás é tão pouco conhecido, e os riscos que corre quem está perdido em um asteroide são tão consideráveis, que desta vez, eu faço uma exceção. Eu digo: "Crianças! Cuidado com os baobás!" É para avisar meus amigos do perigo que eles correm há muito tempo, como eu mesmo, sem saber, que eu trabalhei tanto naquele desenho. A lição que eu dei valia a pena. Vocês talvez se perguntarão: Porque não há neste livro, outros desenhos também grandiosos como o desenho dos baobás? A reposta é bem simples: Eu tentei, mas não tive êxito. Quando eu desenhei os baobás eu tinha sido levado pelo sentimento de urgência.

VI

Oh! Little prince, bit by bit I began to understand your sad little life. For a long time the only entertainment you had was the beauty of the sunsets. I learnt this new detail on the morning of the fourth day, when you told me:

— I love sunsets so much. Let's go and see the sunset …

— But you have to wait for that …

— Wait? What for?

— Wait for the sun to go down.

At first you seemed very surprised, and then you laughed at yourself. And you said:

— I keep thinking I'm still at home!

Just so. As everyone knows, when it is midday in the United States the sun is setting over France. If you could get over to France in one minute, you could watch the sunset. Unfortunately France is much too far away. But, on your little planet, you only needed to move your chair a few paces. And you could watch the sun set whenever you wanted to …

— One day I saw the sunset forty-four times!

And a bit later you added:

— You know … when you're so sad, it's lovely to see sunsets …

Ah! Pequeno príncipe, eu entendi, pouco a pouco, assim, sua pequena vida melancólica. Você não havia tido muito tempo para distração, apenas para a doçura do pôr do sol. Aprendi este novo detalhe no quarto dia de manhã, quando você me disse:

— Eu gosto muito do pôr do sol. Vamos ver um pôr do sol...

— Mas é preciso esperar...

— Esperar o quê?

— Esperar até que o sol se ponha.

Você pareceu surpreso a princípio, e depois você riu de si mesmo. E você me disse:

— Eu sempre acho que estou em casa!

De fato. Quando é meio-dia nos Estados Unidos, o sol, todo mundo sabe, está se pondo na França. Bastaria poder ir à França num minuto para assistir ao pôr do sol. Infelizmente, a França é muito longe. Mas em seu planeta tão pequeno, bastaria você mover sua cadeira alguns passos. E você veria o crepúsculo cada vez que você desejasse...

— Um dia, eu vi o pôr do sol quarenta e quatro vezes!

E um pouco mais tarde você acrescentou:

— Você sabe... Quando se está muito triste, se gosta do pôr do sol...

— The day you saw it forty-four times, were you so very sad?"

But the little prince made no reply.

— Então nesse dia de quarenta e quatro vezes, você estava muito triste?

Mas o pequeno príncipe não respondeu.

VII

On the fifth day, once more thanks to the sheep, the secret of the little prince's life was revealed to me. He said me abruptly, without any preamble, like the fruits of a problem he had been thinking over in silence for a long time:

— A sheep, if it eats shrubs, does it eat flowers too?

— A sheep will eat anything it can find.

— Even flowers with thorns?

— Yes. Even flowers with thorns.

— So what good are the thorns, then?

No quinto dia, sempre graças aos carneiros, o segredo da vida do pequeno príncipe me foi revelado. Ele me perguntou secamente, sem preâmbulos, como o fruto de um problema há muito meditado em silêncio:

— Um carneiro, se ele come pequenos arbustos, ele também come flores?

— Um carneiro come tudo o que encontra.

— Mesmo as flores que têm espinhos?

— Sim. Mesmo as flores que têm espinhos.

— Então, os espinhos, para que eles servem?

I had no idea. I was still very busy trying to unscrew a bolt in my engine that was too tight. I was being very careful because I was beginning to think that the breakdown of my plane was an extremely serious one, and the

Eu não sabia. Eu estava muito ocupado tentando desapertar um parafuso muito apertado do meu motor. Eu estava muito preocupado, porque o defeito começou a me parecer muito grave, e a

dwindling supply of my drinking water was making me fear the worst.

— So what good are the thorns, then?

The little prince never let a question go, once it had been asked. I was bothered by the bolt, and I replied with the first thing that came into my head:

— The thorns are no good at all, it's pure spite on the part of the flowers!

— Oh!

He was silent for a while, then threw at me, resentfully:

— I don't believe you! Flowers are weak. They're naïve. They reassure themselves as best they can. They think their thorns make them frightening ...

I made no reply. At that very moment I was saying to myself "If this bolt still won't budge I'll have to hit it with a hammer." The little prince broke into my reflections once again:

— And you really think, do you, that flowers ...

— No! No! I don't think anything! I said the first thing that came into my head. I'm very busy with things that really matter!

He looked at me, dumbfounded.

— Things that really matter!

He looked at me, hammer in hand, my fingers black with grease, bent over something that seemed very ugly to him.

— You're talking just like a grown-up!

That made me feel a bit ashamed. But he went on mercilessly:

— You're confusing everything.

água potável, que estava acabando, me fazia temer o pior.

— Os espinhos, para que eles servem?

O pequeno príncipe nunca deixava de fazer uma pergunta, uma vez que a tivesse feito. Eu estava irritado com o meu parafuso e lhe respondi qualquer coisa:

— Os espinhos, eles não servem para nada, é pura maldade por parte das flores!

— Oh!

Mas depois de um silêncio, ele disse, com uma espécie de rancor:

— Eu não acredito em você! As flores são fracas. Elas são ingênuas. Elas se protegem como podem. Elas se acham terríveis com seus espinhos...

Eu não respondi nada. Naquele momento, eu pensei: "Se esse parafuso continuar apertado, vou dar uma martelada". O pequeno príncipe se perturbou, de novo, com minhas reflexões:

— E você realmente acha que as flores...

— Não! E não! Eu não acho nada! Eu respondi qualquer coisa. Eu me ocupo, com coisas sérias!

Ele me olhou estupefato.

— Com coisas sérias!

Ele me viu, com meu martelo na mão e os dedos pretos de graxa, inclinado sobre um objeto que lhe parecia muito feio.

— Você fala como os adultos!

Isto me deu um pouco de vergonha. Mas implacável, ele acrescentou:

— Você confunde tudo... você mistura

You're mixing everything up.

He was really very annoyed. He shook his golden curls in the wind.

— I know a planet where a red-faced man lives. He's never smelt a flower. He's never gazed at a star. He's never loved anyone. He's never done anything except add things up. And all day he talks like you: "I deal with things that matter! I deal with things that matter!" and it makes him swell up with pride. But he isn't a man, he's a mushroom!

— A what?

— A mushroom!

tudo!

Ele realmente estava muito irritado. Ele sacudiu ao vento seus cabelos de cachos dourados.

— Eu conheço um planeta onde há um senhor corado. Ele nunca cheirou uma flor. Ele nunca olhou para uma estrela. Ele jamais amou ninguém. Ele nunca fez outra coisa senão somas. E todo o dia repete como você: "Eu sou um homem sério! Eu sou um homem sério!" e isso faz ele inflar de orgulho. Mas isso não é um homem, é um cogumelo!

— Um o quê?

— Um cogumelo!

Meanwhile the little prince had turned white with rage.

— Flowers have been making thorns for millions of years. For millions of years, sheep have been eating them just the same. And it doesn't really matter, to try to understand why they go to so much trouble to make thorns for themselves, if they aren't doing any good? Isn't it important, this war between sheep and flowers? Isn't it a serious matter, and more important than the sums that a fat, red-faced man adds up? And if I, myself, know of a flower unique in all the world, that doesn't exist anywhere except on my planet and a little sheep could annihilate it all at once, one morning, not even knowing what it's doing, that doesn't matter!

He flushed, then went on:

— If someone loves a flower of which only one single example exists among millions and millions of stars, that's enough to make him happy when he looks at them. He says to himself: "My flower is out there somewhere ..." But if the sheep eats the flower, then to him it's as if all the stars have suddenly gone out. And that doesn't matter?

He could say no more. Abruptly he burst out sobbing. Night had fallen. I had abandoned my tools. I no longer cared about my hammer, my bolt, being thirsty or dying. On one star, one planet, mine, the Earth, there was a little prince to comfort! I took him in my arms. I cradled him. I said to him: "The flower you love so much isn't in any danger ... I'll draw you a muzzle for

O pequeno príncipe estava agora pálido de raiva.

— Há milhões de anos que as flores fazem espinhos. Há milhões de anos, que, não obstante, os carneiros comem flores. E não é sério tentar entender por que elas se fazem tão mal para fazer espinhos que nunca sirvam para nada? Não é importante a guerra entre os carneiros e as flores? Não é sério e mais importante do que as somas de um homem gordo e vermelho? E se eu conheço, uma flor única no mundo, que não existe em nenhuma outra parte, a não ser no meu planeta, um carneirinho pode destruir de uma única vez, como em uma manhã destas, sem se dar conta do que ele faz, isso não é importante?!

Ele enrubesceu, e depois continuou:

— Se alguém gosta de uma flor, da qual não existe senão um exemplar em todos os milhões e milhões de estrelas, isto é suficiente para fazê-lo feliz quando ele olha para ela. Ele diz: "Minha flor está lá em algum lugar..." Mas se o carneiro come a flor, para ela é como se, de repente, todas as estrelas se apagassem! E isso não é importante?!

Ele não pôde dizer mais nada. De repente, ele soluçou aos prantos. A noite tinha caído. Deixei minhas ferramentas. Eu zombava-me do meu martelo, do meu parafuso, da sede e da morte. Havia em uma estrela, um planeta, meu planeta, a Terra, um pequeno príncipe para consolar! Eu o peguei em meus braços. Eu o embalei. Eu disse: "A flor que você ama não está em perigo... Eu lhe desenharei uma focinheira para o seu carneiro... Eu

29

your sheep … I'll draw you a railing to put round your flower … I …" I no longer knew what to say to him. I felt very awkward. I didn't know how to reach out to him, to find him again. It is so mysterious, the land of tears!

vou lhe desenhar uma gaiola para sua flor... Eu...” Eu não sabia muito o que dizer. Eu me senti muito estranho. Eu não sabia como chegar, onde me reunir a ele.... É tão misteriosa, a terra das lágrimas!

VIII

I soon learned to get to know this flower better. The flowers on the little prince's planet had always been very simple, graced with just one row of petals, taking up no space at all and not getting in anyone's way. They appeared in the grass one morning, and then by the evening they would fade away. But this one had grown one day from a seed that had arrived from who knows where, and the little prince had kept a very close eye on this shoot that didn't look like the other shoots. It might be a new type of baobab. But the plant soon stopped growing and a flower started to appear. The little prince, who was there when the first huge bud appeared, had a strong feeling that something wonderful would come out of it, but the flower continued to make her beauty preparations in the shelter of her green chamber. She chose her colours carefully. She dressed herself slowly, adjusting her petals one by one. She didn't want to come out looking all crumpled, like a poppy. She wanted to emerge only in the full radiance of her beauty. Ah! Yes. She was very elegant. Her mysterious preparations had lasted for days and days. And then, one morning, just as the sun rose, she suddenly showed herself.

Aprendi bem rápido a conhecer melhor esta flor. Sempre houve, no planeta do pequeno príncipe, flores muito simples, decoradas com uma única fileira de pétalas, que não tinham nenhum lugar para elas e que não incomodavam ninguém. Elas apareciam de manhã na grama, e depois elas morriam à noite. Mas essa tinha germinado um dia, de uma semente trazida não se sabe de onde, e o pequeno príncipe tinha cuidado desde cedo desse pequeno broto, que não era como os outros. Poderia ser um novo tipo de baobá. Mas o arbusto logo parou de crescer, e começou a preparar uma flor. O pequeno príncipe, que assistiu ao crescimento de um enorme botão, pressentiu que dali sairia uma aparição milagrosa, mas a flor não terminava de se preparar para se embelezar, no abrigo de seu aposento verde. Ela escolhia suas cores com cuidado. Vestia-se devagar, ajustava suas pétalas uma a uma. Ela não queria sair toda amarrotada, como as papoulas. Ela não queria aparecer senão no esplendor completo de sua beleza. Eh! Sim. Ela era muito elegante! Sua preparação misteriosa durou dias e dias. Aliás, eis que numa manhã, exatamente ao nascer do sol, ela apareceu.

And this flower, who had spent so much time and trouble over her appearance, yawned and said:

— Oh! I've just woken up ... excuse me ... I still look very rumpled ...

But the little prince could not contain his admiration.

— How beautiful you are!

— Aren't I? — the flower replied gently ... — And I was born at the same time as the sun ...

It wasn't hard for the little prince to see that she wasn't too modest, but how exciting she was.

— I think it's time for breakfast — she soon added, — If you would be so kind as to give me some consideration ...

E ela, que havia trabalhado com tanto cuidado, disse bocejando:

— Ah! Eu mal acordei... Eu sinto muito... Eu ainda estou toda despenteada...

O pequeno príncipe, então, não pode conter sua admiração:

— Como você é linda!

— Não sou? — respondeu suavemente a flor. — E eu nasci ao mesmo tempo que o sol...

O pequeno príncipe bem que adivinhou que ela não era muito modesta, mas ela era tão comovente!

— É hora, eu acho, do café da manhã, — ela acrescentou em seguida, — você teria a bondade de pensar em mim...

And the little prince, covered in confusion, went to look for a can and fresh water, and watered the flower.

So she soon began to torment him with her rather dubious vanity. One day, for example, talking about her four thorns, she had said to the little prince:

— Let them come, those tigers with their claws!

E o pequeno príncipe, completamente confuso, procurou um regador com água fresca e, serviu a flor.

Então, ela ficou rapidamente atormentada por sua vaidade um pouco exacerbada. Um dia, por exemplo, falando dos seus quatro espinhos, ela disse para o pequeno príncipe:

— Eles podem vir, os tigres, com suas garras!

— There aren't any tigers on my planet, — the little prince objected. — And anyway they don't eat grass.

— I'm not grass, — came the flower's gentle reply.

— Forgive me ...

— I'm not in the least afraid of tigers, but I have a horror of draughts. You wouldn't have a screen, would you?

— *Não há tigres no meu planeta,* — *ratificou o pequeno príncipe,* — *e, aliás, os tigres não comem grama.*

— *Não sou uma grama,* — *respondeu gentilmente a flor.*

— *Desculpe-me...*

— *Eu não tenho medo de tigres, mas tenho horror a correntes de ar... Você não teria uma tela?*

— A horror of draughts … that's unlucky for a plant, — remarked the little prince. — This is a very complicated flower.

— You'll have to put me under a glass cloche in the evening. It's very cold on your planet. It wasn't made properly. Where I come from …

But she stopped herself. She had arrived as a seed. She couldn't have known anything about other worlds. Humiliated at being caught out in preparing such a naïve lie, she coughed a few times, to put the little prince in the wrong:

— This screen?

— I was just going to get it, but you were talking to me!

So she forced another cough so the little prince would suffer from remorse all the same.

So the little prince, in spite of all his loving good will, soon began to have his doubts about her. He had

— *Horror de correntes de ar... Isso não é por acaso, para uma planta,* — *observou o pequeno príncipe.* — *Esta flor é muito complicada...*

— *À noite você me colocará numa redoma. É muito frio aqui no seu planeta. Está mal localizado. Lá de onde eu venho...*

Mas ela foi interrompida. Ela veio na forma de semente. Ela não havia sido capaz de conhecer outros mundos. Humilhada por ter se deixado ser pega contando uma mentira tão ingênua, ela tossiu duas ou três vezes, a fim de colocar a culpa no pequeno príncipe:

— *Esta tela?...*

— *Eu estava indo procurá-la, mas você me falou!*

Então ela forçou a tosse para lhe infligir ainda mais remorsos.

Então o pequeno príncipe, apesar da boa vontade de seu amor, rapidamente duvidou dela. Ele havia levado a sério

taken her trivial words seriously, and he became very unhappy.

palavras sem importância, e ficou muito triste.

— I shouldn't have listened to her, — he confided in me one day. — You should never listen to flowers. You must look at them and smell them. Mine filled my whole planet with perfume, but I couldn't enjoy it. That story of the claws, which upset me so much, should have filled me with tenderness.

He went on to say:

— I couldn't understand anything at all. I should have judged her by deeds, not words. She had a beautiful perfume and lit up my life. I should never have run away from her. I should have guessed at the tenderness beneath her pathetic strategies. Flowers are so inconsistent! But I was too young to know how to love her …

— Eu não deveria escutá-la, — ele me disse um dia, — jamais deve-se escutar as flores. Deve-se olhá-las e respirá-las. A minha perfumou o meu planeta, mas eu não me alegrava com isto. Esta história de garras, que me perturbou tanto, deve ter me amolecido...

Ele me disse ainda:

— Eu não soube compreender nada! Eu deveria tê-la julgado pelos atos e não pelas palavras. Ela me perfumava e me iluminava. Eu jamais deveria ter fugido! Eu deveria ter percebido a sua ternura por trás de suas artimanhas pobres. As flores são tão contraditórias! Mas eu era muito jovem para saber como amá-las.

IX

I think he benefitted from a migration of wild birds to make his escape.

On the morning of his departure he tidied his whole planet beautifully. He carefully swept out all his active volcanoes. He had two active volcanoes. They were very convenient for warming up his breakfast every morning. He also had an extinct one. But, as he said, "You never know!" So he swept out the extinct one as well. If they have been thoroughly swept, volcanoes

Eu acho que ele se aproveitará, para sua fuga, de uma migração de pássaros selvagens.

Na manhã da partida ele arrumou bem seu planeta. Ele varreu cuidadosamente seus vulcões em atividade. Ele possuía dois vulcões em atividade. E eram muito cômodos para aquecer seu café da manhã. Ele também possuía um vulcão extinto. Mas como ele dizia: "Nunca se sabe!". Ele varreu também o vulcão extinto. Se forem bem varridos, os vulcões brilham suavemente e

burn gently and steadily, without any eruptions. Volcanic eruptions are like chimney fires. Clearly on our planet we are far too small to sweep out our volcanoes. That's why they cause us so much trouble.

regularmente, sem erupções. As erupções vulcânicas são como fogos na lareira. Evidentemente, em nossa terra somos muito menores para varrer nossos vulcões. É por isto que eles nos causam um monte de problemas.

The little prince also, a little wistfully, pulled up the final baobab shoots. He thought he would never have to come back. But that morning, all these familiar labours seemed to have a bittersweet feeling. And, when he watered the flower for the last time, and prepared to place her under her

O pequeno príncipe removeu também, com um pouco de melancolia, os últimos brotos de baobás. Ele achava que nunca mais deveria retornar. Porém todas estas tarefas domésticas lhe pareciam leves nessa manhã. E, quando ele regou a flor pela última vez, e se preparava para abrigá-la sob sua redoma, ele percebeu que tinha

glass cloche, he felt as if he wanted to cry.

— Goodbye, — he said to the flower.

But she made no reply.

— Goodbye, — he said again.

The flower coughed. But it wasn't because of her cold.

— I've been silly, — she told him at last. — Forgive me. Try to be happy.

He was surprised that she wasn't reproaching him. He stood still, quite disconcerted, the cloche in his hand. He didn't understand this quiet gentleness.

— Of course I love you, — the flower said to him. — You didn't know, and it's all my fault. That doesn't matter. But you were as silly as I was. Try to find happiness … you can put that cloche down. I don't want it any more.

— But the wind …

— My cold isn't as bad as all that … The cool night air will do me good. I'm a flower.

— But the animals …

— I have to put up with a few caterpillars if I want to get to know the butterflies. It seems they are so beautiful. If they don't come, who will visit me? You will be far away … As for large animals, I'm not in the least afraid of them. I've got my claws.

And, naïvely, she showed her four thorns. Then she added:

— Don't hang about like that, it bothers me. You've decided to leave. Off you go!

Because she didn't want him to see her crying. She was such a proud flower …

vontade de chorar.

— Adeus, — disse ele para a flor.

Mas ela não lhe respondeu.

— Adeus, — repetiu ele.

A flor tossiu. Mas não foi por causa do seu resfriado.

— Eu fui tola, — disse ela finalmente. — Eu peço desculpas à você. Tento ser feliz.

Ele se surpreendeu com a ausência de críticas. Ele estava completamente desconcertado, a redoma no ar. Ele não entendeu esta tranquila doçura.

— Mas sim, eu amo você, — disse a flor. — Você não sabia de nada, por minha culpa. Isso não tem nenhuma importância. Mas você foi tão tolo quanto eu. Tente ser feliz... deixe a redoma em paz. Eu não a quero mais.

— Mas o vento...

— Eu não estou tão resfriada assim... O ar fresco da noite me fará bem. Eu sou uma flor.

— Mas os animais...

— É preciso que eu suporte duas ou três lagartas se eu quiser conhecer as borboletas. Elas parecem que são tão bonitas. Senão, quem vai me visitar? Você vai estar longe. Quanto aos animais de grande porte, Eu não temo nada. Eu tenho as minhas garras.

Ela mostrava ingenuamente seus quatro espinhos. Depois acrescentou.

— Não demore assim, é irritante. Você decidiu ir embora. Então vá.

Pois ela não queria que ele a visse chorar. Era uma flor muito orgulhosa...

X

He found himself in the region of Asteroids 325, 326, 327, 328, 329 and 330. So he started by visiting them, to find something to do and to educate himself.

The first one was inhabited by a King. The King, dressed in ermine and purple, sat on a throne that was at once very simple yet majestic.

Ele estava na região dos asteroides 325, 326, 327, 328, 329 e 330. Ele começou então a visitá-los, para procurar uma ocupação e para se instruir.

O primeiro era habitado por um rei. O rei estava sentado, vestido de púrpura e pele de arminho, em um trono muito simples, embora majestoso.

— Ah! I have a subject! — the King exclaimed, when he noticed the little prince.

And the little prince wondered:

"How can he recognise me when he has never seen me before!"

He didn't know that, for kings, the world is very simple. To them, everyone is their subject.

— Come closer so I can get a better look at you, — said the King, who was extremely proud to have a subject at last.

The little prince looked all over to find a place to sit down, but the planet was entirely filled up by the magnificent ermine robe. So he remained standing, and, since he felt tired, he gave a yawn.

— It's against etiquette to yawn in the presence of a King, — the monarch told him. — I forbid it.

— I can't help it, — replied the little prince, very confused. — I've travelled a long way and I haven't slept …

— All right then, — said the King, — I command you to yawn. I haven't seen anyone yawn for years. A yawn is an interesting and unusual thing for me. Go on! Yawn again. It's an order.

— That puts me off … I can't do it any more. — The little prince blushed as he spoke.

— Hm! Hm! — replied the King. — In that case I … I order you to yawn sometimes and sometimes …

He stuttered a bit and seemed cross.

— *Ah! Eis um súdito! — Exclamou o rei quando viu o pequeno príncipe.*

E o pequeno príncipe perguntou a si mesmo:

"Como ele poderia me reconhecer já que ele nunca me viu?"

Ele não sabia que para os reis, o mundo é muito simplificado. Todos os homens são súditos.

— Aproxime-se para que eu lhe veja melhor, — disse o rei, que se sentia orgulhoso de finalmente ser rei para alguém.

O pequeno príncipe olhou a procura de um lugar para se sentar, mas o planeta estava todo encoberto com o magnífico manto de arminho. Ele permaneceu de pé, e como estava cansado, bocejou.

— É contra a etiqueta bocejar na presença de um rei, disse o monarca. Eu o proíbo.

— Eu não posso me impedir, — respondeu o pequeno príncipe, todo confuso. — Fiz uma longa viagem e não dormi...

— Então, disse o rei, eu ordeno que você boceje. Há anos que eu não vejo alguém bocejar. Bocejos são curiosidades para mim. Vamos lá! Boceje novamente. Isso é uma ordem.

— Isto me assusta... Eu não posso..., disse o pequeno príncipe enrubescendo.

— Hum! Hum! — Respondeu o rei. Então eu... eu te ordeno, bocejar tanto e quanto..."

Ele gaguejou um pouco e parecia envergonhado.

For the King absolutely insisted that his authority must be respected. He wouldn't tolerate disobedience. He was an absolute monarch. But, as he was very good-natured, he gave orders that were sensible.

He used to say: — If I ordered a general to change into a sea bird, and the general disobeyed, it wouldn't be the general's fault. It would be mine.

— May I sit down? — the little prince asked, timidly.

— I order you to sit down, — the King replied, majestically taking in a fold of his ermine robe.

But the little prince was puzzled. The planet was tiny. Over whom could the King really reign?

— Sire, — he asked him, — will you excuse me for asking you a question?

The King broke in hastily: — I order you to ask me a question.

— Sire … what do you reign over?

— Over everything, — replied the King, — very simply.

— Everything?

The King made a sweeping gesture, taking in his planet, the other planets and the stars.

— Over all that? — said the little prince.

— All that, — the King replied.

Because not only was he an absolute monarch, but a universal one.

Pois o rei, exigia essencialmente, que sua autoridade fosse respeitada. Ele não tolerava desobediência. Era um monarca absoluto. Mas, como era muito bom, dava ordens razoáveis.

— Se eu mandar, — disse ele com naturalidade, — se eu mandar um general se transformar em uma ave marinha, e se o general não obedecer, não seria culpa do general. Seria minha culpa.

— Posso me sentar? — perguntou timidamente o pequeno príncipe.

— Ordeno-lhe que se sente, — respondeu o rei, que majestosamente puxou uma dobra do seu manto de arminho.

Mas o pequeno príncipe estava pensando. O planeta era minúsculo. Sobre o que o rei poderia reinar?

— Majestade, — disse ele... — Peço-lhe perdão por lhe perguntar...

— Eu lhe ordeno que você me pergunte, — apressou-se a dizer o rei.

— Majestade... sobre o que você governa?

— Sobre tudo, — respondeu o rei, com muita simplicidade.

— Sobre tudo?

O rei com um gesto discreto, mostrou seu planeta, os outros planetas e as estrelas.

— Sobre tudo isso? — Disse o pequeno príncipe.

— Sobre tudo isso..., — respondeu o rei.

Pois não era somente um monarca absoluto, mas era um monarca universal.

— And do the stars obey you?

— Of course, — said the King. — They do what I tell them at once. I won't tolerate any disobedience.

The little prince marvelled at such power. If he himself possessed this he could have observed not forty-four, but seventy-two or even a hundred or two hundred sunsets in the same day without even having to move his chair! And as this made him feel a little bit sad, remembering the planet he had left behind, he plucked up courage to ask a favour from the King.

— I'd love to see a sunset ... Please, do me a favour ... Order the sun to set.

— If I ordered a general to fly from one flower to another, like a butterfly, or to write a tragic play, or to change into a sea bird, and if the general failed to carry out the order I gave him, who would be in the wrong, him or me?

— It would be you, — said the little prince, firmly.

— Exactly. You must demand from each person what that person can give, — the King replied. — Authority is founded first and foremost upon reason. If you order your people to go and jump into the sea, it would start a revolution. It is because my orders are reasonable that I have the right to expect obedience.

— So what about my sunset? — the little prince reminded him, since he never forgot a question once he had asked it.

— You'll get your sunset. I'll

— E as estrelas lhe obedecem?

— Claro, — disse o rei. — Elas obedecem imediatamente. Eu não tolero indisciplina.

Tal poder maravilhou o pequeno príncipe. Se ele tivesse relaxado, ele poderia assistir, não quarenta e quatro, mas setenta e dois, ou até mesmo uma centena, ou mesmo duzentos poros do sol no mesmo dia, sem nunca mover sua cadeira! E como ele se sentia um pouco triste por causa da lembrança do seu pequeno planeta abandonado, ele tomou coragem e pediu um favor ao rei:

— Eu gostaria de ver um pôr do sol... fazei-me esse favor... Ordene ao sol que se ponha...

— Se eu ordenasse a um general para voar de uma flor para outra como uma borboleta, ou escrever uma tragédia, ou transformar-se em uma ave marinha, e se o general não executasse a ordem recebida, quem estaria errado, ele ou eu?

— Seria você, — disse firmemente o pequeno príncipe.

— Exato. Devemos exigir de cada um o que cada um pode dar, — disse o rei. — A autoridade se baseia inicialmente na razão. Se você ordenar seu povo se jogar no mar, eles farão uma revolução. Eu tenho o direito de exigir obediência porque minhas ordens são razoáveis.

— Então, meu pôr do sol? — lembrou o pequeno príncipe que nunca havia esquecido uma pergunta, uma vez que a tivesse feito.

— Seu pôr do sol, você o terá.

insist on it. But, according to my understanding of how to rule, I'll wait until the conditions are favourable.

— When will that be? — enquired the little prince.

— Hm! Hm! — replied the King. First he consulted a big almanac, and then he said — Hm! Hm! This evening it will be at about … about … twenty to eight. Then you'll see how well I am obeyed!

The little prince yawned. He was sad about his missed sunset. And then he started to get a bit bored.

— There's nothing to do here, — he told the King. — I'm going away again!

— Don't go, — answered the King, who was so proud to have a subject. — Don't go, I'll make you a Minister!

— Minister of what?

— Minister of … Justice.

— But there isn't anyone to judge!

— You don't know that, — the King told him. — I haven't made a tour of my kingdom yet. I'm very old, there's no room for a carriage, and walking makes me tired.

— Oh! But I've seen it already, — said the prince, leaning over to glance again at the other side of the planet. — There's no-one down there, either.

— Well then, you can judge yourself, — the King replied. — That's the most difficult thing of all. It's much more difficult to make a judgment on yourself than on

Exigirei. Mas vou esperar, na minha sabedoria de governante, que as condições sejam favoráveis.

— Quando isso vai ser? — Perguntou o pequeno príncipe.

— Hem! Hem! — respondeu o rei, que primeiro consultou um grande almanaque, — hem! hem! Isso será em... em... será esta noite, cerca de vinte minutos para as oito! E você vai ver o quão bem eu sou obedecido.

O pequeno príncipe bocejou. Ele estava lamentando seu pôr do sol perdido. E então ele já estava um pouco entediado:

— Não tenho mais nada para fazer aqui, — disse ao rei. — Eu vou partir novamente!

— Não vá, — disse o rei, — que estava tão orgulhoso de ter um súdito. — Não vá, eu o faço ministro!

— Ministro do quê?

— Da... da Justiça!

— Mas não há ninguém para julgar!

— Nós não sabemos, — disse o rei. — Eu ainda não fiz um passeio pelo meu reino. Estou muito velho, não tenho espaço para uma carruagem, e andar me cansa.

— Oh! Mas eu já vi, — disse o pequeno príncipe, — voltando-se para dar uma outra olhada no outro lado do planeta. — Não há ninguém lá também...

— Então você deve julgar a si mesmo, — respondeu o rei. — Isto é o mais difícil. É muito mais difícil julgar a si mesmo que julgar os outros. Se você

44

anyone else. If you can manage to judge yourself well, you're a truly wise person.

— Yes, — said the little prince, — But I can judge myself anywhere. There's no need to live here.

— Hm! Hm! — said the king. — I think that somewhere on my planet there's an old rat. I hear him at night. You can judge this old rat. Now and again you can sentence him to death. So his life will depend on your justice. But you'd have to pardon him every time. We have to spare him. It's the only one we've got.

— Personally, — answered the little prince, — I don't like death sentences, and I think I'm going to leave.

— No! — cried the King.

The little prince had now finished his travel arrangements, but he didn't want to hurt the King's feelings.

— If His Majesty wants to be obeyed promptly, he could give me a reasonable order. He could, for instance, order me to leave within one minute. I think the conditions are favourable ...

The King said nothing, so the little prince hesitated at first, then off he went, with a sigh.

— I make you my ambassador! — the King called after him, hastily.

He had a splendid air of authority.

"Grown-ups are really very odd", said the little prince to himself, as he went on his way.

conseguir julgar a si mesmo bem, então você é um verdadeiro sábio.

— Eu, — disse o pequeno príncipe, — eu posso julgar-me em qualquer lugar. Eu não preciso viver aqui.

— Hem! Hem! — disse o rei, — eu acho que no meu planeta há um velho rato em algum lugar. Eu o ouço à noite. Você pode julgar este velho rato. Você vai condená-lo à morte de vez em quando. Assim sua vida dependerá de sua justiça. Mas você vai perdoá-lo cada vez para poupá-lo. Há apenas um.

— Eu, — respondeu o pequeno príncipe, — eu não gosto de condenar à morte, e eu acho que vou embora.

— Não, — disse o rei.

Mas o pequeno príncipe, tendo acabado seus preparativos, não quis afligir o velho monarca.

— Se Vossa Majestade deseja ser obedecida pontualmente, Ela me daria uma ordem razoável. Ela poderia me ordenar, por exemplo, para partir em menos de um minuto. Parece-me que as condições são favoráveis...

O rei não havia respondido nada, o pequeno príncipe hesitou por um momento, depois, com um suspiro, começou a partir...

— Eu te faço meu embaixador, — em seguida, se apressou a gritar o rei.

Ele tinha um grande ar de autoridade.

"Os adultos são muito estranhos", disse o pequeno príncipe, para si mesmo, durante sua viagem.

XI

The second planet was inhabited by a conceited man.

— Aha! Here is an admirer about to visit me! — cried the conceited man from far off, as soon as he saw the little prince coming.

Because, to conceited people, everyone must be an admirer.

O segundo planeta era habitado por um vaidoso:

— Ah! Ah! Eis a visita de um admirador! gritou de longe, quando percebeu o pequeno príncipe.

Pois, para vaidosos, as outras pessoas são admiradores.

— Good morning, — said the little prince. — You have a funny sort of hat.

— It's a hat for salutes, — the conceited man replied. — It's to raise in a salute when someone applauds me. Unfortunately, no-one ever comes along this way.

— Oh, yes? — said the little prince, who didn't understand.

So the conceited man suggested, — Clap your hands together.

The little prince clapped his hands together. The conceited man saluted him, modestly raising his hat.

"This is more fun than visiting the King", the little prince said to himself. And he started to clap his hands together, all over again. The conceited man started to salute him by raising his hat, all over again.

After five minutes of exercise, the little prince grew tired of this monotonous game.

— And what do you have to do to make the hat come down? — he asked.

But the conceited man didn't understand. Conceited men never listen to anything but words of praise.

— Do you really admire me so much? — he asked the little prince.

— What does 'admire' mean?

— Admire means recognising that I am the most handsome, the best dressed, the richest and the most intelligent man on the planet!

— But you're the only man on

— Bom dia, disse o pequeno príncipe. Você tem um chapéu engraçado.

— Isso é um cumprimento, respondeu o vaidoso. Isso é para saudar quando as pessoas me aclamam. Infelizmente, ninguém nunca passa por aqui.

— Ah, verdade? disse o pequeno príncipe, que não entendia.

— Bata tuas mãos, uma contra a outra, disse o vaidoso.

O pequeno príncipe bateu as mãos uma contra a outra. O vaidoso saudou modestamente, levantando o chapéu.

— Isto é mais divertido do que a visita ao rei, disse a si mesmo o pequeno príncipe. E recomeçou a bater as mãos uma contra a outra. O vaidoso recomeçou a saudar levantando o chapéu.

Após cinco minutos de exercício, o pequeno príncipe cansou-se da monotonia do jogo:

— E para o chapéu cair, perguntou ele, o que é necessário fazer?

Mas o vaidoso não ouviu. As pessoas vaidosas nunca ouvem nada que não sejam elogios.

— Você realmente me admira muito? perguntou o pequeno príncipe.

— O que significa admirar?

— Admirar significa reconhecer que eu sou o homem mais belo, o mais bem vestido, o mais rico e o mais inteligente do planeta.

— Mas você está sozinho no seu

your planet!

— Do me this favour. Admire me all the same!

— I admire you, — the little prince said with a slight shrug of his shoulders. — But why is this so important to you?

And the little prince went on his way.

"Grown-ups really are decidedly odd", he said to himself, as he went on his way.

planeta!

— Me dê esse prazer. Admire-me apesar de tudo!

— Eu admiro você, disse o pequeno príncipe, dando de ombros ligeiramente, mas como isso pode lhe interessar?

E o pequeno príncipe foi embora.

"Os adultos são certamente muito estranhos", disse ele simplesmente a si mesmo durante sua viagem.

XII

The next planet was inhabited by a drinker. This was a very short visit, but it plunged the little prince into a deep depression.

— What are you doing there? — he asked the drinker, who was sitting in silence before a collection of empty bottles and a collection of full ones.

— I'm drinking, — the drinker replied, with a lugubrious air.

— Why are you drinking? — asked the little prince.

— To forget, — the drinker replied.

O próximo planeta era habitado por um beberrão. Esta visita foi muito curta, mas mergulhou o pequeno príncipe em um abatimento profundo:

— O que você faz aqui? Disse ao beberrão, que ele encontrou acomodado em silêncio diante de uma coleção de garrafas vazias e uma coleção de garrafas cheias.

— Eu bebo, respondeu o beberrão, com um ar lúgubre.

— Por que você bebe? Perguntou o pequeno príncipe.

— Para esquecer, respondeu o beberrão.

— To forget what? — the little prince enquired. He was already feeling sorry for him.

— To forget how ashamed I am, — confessed the drinker, bowing his head.

— Ashamed of what? — the little prince went on, wanting to help him.

— Ashamed of drinking! — finished the drinker, and enveloped himself in total silence.

And the little prince went on his way, very puzzled.

"Grown-ups are decidedly very, very odd", he said to himself as he went on his way.

— *Esquecer o quê? perguntou o pequeno príncipe, que já estava com pena dele.*

— *Esquecer que eu tenho vergonha, confessara o bêbado, abaixando a cabeça.*

— *Vergonha de quê? Perguntou o pequeno príncipe, que queria ajudá-lo.*

— *Vergonha de beber! Terminou o bêbado que se fechou em silêncio.*

E o pequeno príncipe foi embora, perplexo.

"Os adultos são, certamente, muito, muito estranhos", disse ele para si mesmo durante a viagem.

XIII

The fourth planet belonged to a businessman. This man was so busy he didn't even look up when the little prince arrived.

— Good morning, — the prince said to him. — Your cigarette has gone out.

— Three and two make five. Five and seven, twelve. Twelve and three, fifteen. Good morning. Fifteen and seven, twenty-two. Twenty-two and six, twenty-eight. No time to light up. Twenty-six and five, thirty-one. Phew! That makes five hundred and one million seven hundred and thirty-one.

— Five hundred million what?

— Eh? You still there? Five hundred and one million ... I don't know any more ... I've got so much to do! I'm a serious minded man. I can't spend my time on trivialities.

O quarto planeta era aquele de um homem de negócios. Este homem era tão ocupado que ele nem sequer levantou a cabeça para a chegada do pequeno príncipe.

— Bom dia, — disse ele. — Seu cigarro está apagado.

— Três e dois são cinco. Cinco e sete, doze. Doze e três, quinze. Bom dia. Quinze e sete, vinte e dois. Vinte e dois e seis, vinte e oito. Sem tempo para acendê-lo novamente. Vinte e seis e cinco, trinta e um. Ufa! Isso dá, portanto, quinhentos e um milhões seiscentos e vinte e dois mil setecentos e trinta e um.

— Quinhentos milhões de quê?

— Hein? Você ainda está aí? Quinhentos milhões de... Eu não sei mais... Eu tenho muito trabalho! Estou falando sério, eu não me divirto com

Two and five make seven ...

— Five hundred million what? — the little prince asked again. Never in his life had he let a question go, once it had been asked.

The businessman looked up.

— In all the fifty-four years that I've lived on this planet I've only been disturbed three times. The first time it happened, twenty-two years ago, was when a cockchafer fell down from God knows where. He made a terrible noise and I made four mistakes in my addition. The second time it happened, eleven years ago, I had an attack of rheumatism. I don't get enough exercise. I haven't the time to go for walks. I'm a serious-minded man. The third time, well this is it! So, as I was saying, five hundred and one million …

— Millions of what?

The businessman realised that he had no hope of being left in peace.

— Millions of those little things you sometimes see in the sky.

— Flies?

— No, those little shiny things.

— Bees?

— No, those little golden things that good-for-nothings dream about. But I'm a serious-minded man. I haven't the time to daydream.

— Ah! The stars.

— That's it. Stars.

— And what are you doing with five hundred million stars?

— Five hundred and one million, six hundred and twenty-two thousand, seven hundred and thirty-one. Me, I'm serious-minded, I'm precise.

bobagens! Dois e cinco, sete...

— Quinhentos e um milhões o quê? Repetiu o pequeno príncipe, que nunca em sua vida tinha renunciado a uma pergunta, uma vez que a tivesse feito.

O empresário levantou a cabeça:

— Em cinquenta e quatro anos que eu habito neste planeta, só fui perturbado apenas três vezes. A primeira vez foi há vinte e dois anos, por um besouro que caiu sabe Deus de onde. Ele fez um ruído terrível, e eu fiz quatro erros em uma soma. A segunda vez foi há onze anos, por causa de um ataque de reumatismo. Sinto falta de fazer exercícios. Eu não tenho tempo para passear. Eu estou falando sério. A terceira vez... aqui está! Eu estava dizendo 501 milhões...

— Milhões de quê?

O empresário percebeu que ele não tinha nenhuma esperança de paz:

— Milhões dessas pequenas coisas que às vezes se vê no céu.

— Moscas?

— Não, as pequenas coisas que brilham.

— Abelhas?

— Não. Pequenas coisas douradas que fazem os ociosos sonhar. Mas eu estou falando sério! Eu não tenho tempo para sonhar.

— Ah! Estrelas?

— Isso mesmo. Estrelas.

— E o que você faz com quinhentos milhões de estrelas?

— Quinhentos e um milhões seiscentos e vinte e duas mil setecentos e trinta e uma. Estou falando sério, eu sou exato.

— And what do you do with these stars?

— What do I do with them?

— Yes.

— Nothing. They belong to me.

— The stars belong to you?

— Yes.

— But I've already met a King who …

— Kings don't own things. They 'reign' over them. It's quite different.

— And what good does it do you to own the stars?

— The good is that it makes me rich.

— And what good does it do you to be rich?

— I can buy more stars, if anyone finds them.

The little prince said to himself: "This man's reasoning is a bit like my drinker's".

All the same, he asked a few more questions.

— How is possible for someone to own the stars?

— Who do they belong to? — came the businessman's grumpy reply.

— I don't know. They don't belong to anyone.

— So they belong to me, because I thought of it first.

— Is that all?

— Of course. When you find a diamond that doesn't belong to anyone, it's yours. When you find an island that doesn't belong to anyone, it's yours. When you're the first to think of something, you take out a patent on it: it belongs to you. And the stars belong to me, because no-one has ever thought of owning them before.

— E o que você faz com essas estrelas?

— O que eu faço com elas?

— Sim.

— Nada. Eu as possuo.

— Você possui as estrelas?

— Sim.

— Mas eu já vi um rei que...

— Os reis não possuem. Eles "reinam" sobre. É muito diferente.

— E o que há de bom em possuir as estrelas?

— Isso me ajuda a ser rico.

— E para que serve você ser rico?

— Para comprar outras estrelas, se alguém às encontrar.

"Este", refletiu o pequeno príncipe, "ele raciocina um pouco como o meu beberrão."

Contudo, ele fez mais perguntas:

— Como se pode possuir as estrelas?

— De quem são elas? replicou, mal-humorado, o empresário.

— Eu não sei. De ninguém.

— Então, elas me pertencem, porque eu pensei nisso primeiro.

— Isso é o suficiente?

— Claro. Quando você encontra um diamante, que não pertence a ninguém, ele é seu. Quando você descobre uma ilha, que não pertence a ninguém, ela é sua. Quando você tem uma ideia primeiro, você tira uma patente: ela é sua. E eu possuo as estrelas, pois ninguém antes de mim sonhou em possuí-las.

— That's true, — said the little prince. — And what do you do with them?

— I manage them. I count them, over and over again, — said the businessman. — It isn't easy. But I'm a serious-minded man.

The little prince still wasn't satisfied.

— I've got a scarf, I can put it round my neck and take it away with me. If I owned a flower, I could pick my flower and take it away. But you can't pick the stars.

— No, but I can put them in the bank.

— What does that mean?

— It means that I write down the number of stars I have on a piece of paper. Then I lock that piece of paper up in a drawer.

— And that's all?

— It's enough!

"How funny", thought the little prince. "It's quite poetic. But it doesn't really matter."

The little prince had very different ideas on what mattered from grown-ups.

— Personally, — he said, — I own a flower that I water every day. I own three volcanoes that I sweep out every week. Because I sweep out the extinct one too. You never know. I do some good to my flower and some good to my volcanoes by owning them. But you do no good to the stars …

The businessman opened his mouth but he couldn't find anything to reply, so the little prince went away.

He just said to himself: "Grown-ups really are quite extraordinary!" as he went on his way.

— *Isto é verdade, disse o pequeno príncipe. E o que você faz com elas?*

— *Eu as gerencio. Eu as conto, e as reconto, disse o empresário. É difícil. Mas eu sou um homem sério!*

O pequeno príncipe ainda não estava satisfeito.

— *Eu, se possuo um lenço de pescoço, eu posso colocá-lo em volta do meu pescoço e levá-lo. Se eu possuir uma flor, eu posso colher essa flor e levá-la. Mas você não pode colher as estrelas!*

— *Não, mas posso colocá-los no banco.*

— *O que significa isso?*

— *Isso significa que eu escrevo em um pedaço de papel o número de minhas estrelas. E então tranco este papel em uma gaveta.*

— *E isso é tudo?*

— *É o suficiente!*

"É divertido", pensou o pequeno príncipe. "E bastante poético. Mas não é sério."

O pequeno príncipe tinha, sobre as coisas sérias, ideias muito diferentes das ideias dos adultos.

— *Eu, — disse ele novamente, — possuo uma flor que eu rego todos os dias. Eu possuo três vulcões, que eu limpo a cada semana. Pois eu também limpo o que está extinto. Nunca se sabe. É útil para os meus vulcões, e é útil para a minha flor, que eu os possua. Mas você não é útil para as estrelas...*

O empresário abriu a boca, mas não encontrou nada para responder, e o pequeno príncipe foi embora.

"Os adultos são, com toda a certeza realmente extraordinários", dizia, simplesmente, para si mesmo, durante a viagem.

XIV

The fifth planet was most curious. It was the smallest of all. There was just enough room to put a lamp and a lamplighter. The little prince could not find any explanation of what good a lamp and a lamplighter could do, somewhere up in the sky, on a planet with no houses or people on it. All the same, he said to himself:

"It could well be that this man is ridiculous. Even so, he is not as ridiculous as the King, the conceited man, the businessman or the drinker. At least his work has some point to it. When he lights his lamp, it's as if he's giving birth to another star, or a flower. When he puts his lamp out, he sends the flower or the star to sleep. It's a very lovely occupation. Because it's lovely, it's truly useful."

When he alighted on the planet, he greeted the lamplighter with respect.

— Good morning. Why have you just put out your lamp?

— Those are my orders, — the lamplighter replied. — Good morning.

— What orders?

— To put out my lamp. Good evening.

And he lit it again.

— But why have you just lit it again?

— Those are my orders, — replied the lamplighter.

O quinto planeta era muito curioso. Era o menor de todos. Tinha espaço suficiente para apenas uma lâmpada de rua e um acendedor. O pequeno príncipe não foi capaz de explicar para que pudesse servir, em algum lugar no céu, num planeta sem casa ou população, uma lâmpada de rua e um acendedor. Entretanto ele disse para si mesmo:

"Talvez esse homem seja um absurdo. No entanto, é menos absurdo do que o rei, o vaidoso, o empresário, e o beberrão. Pelo menos seu trabalho faz sentido. Quando acende a lâmpada, é como se ele tivesse feito nascer mais uma estrela ou uma flor. Quando ele apaga sua lâmpada, ele adormece a flor ou a estrela. Esta é uma ocupação muito bela. Isto é realmente útil, uma vez que é bela."

Quando ele chegou ao planeta, ele respeitosamente saudou o acendedor:

— Bom dia. Por que você vem aqui acender sua lâmpada?

— Isto são ordens, — respondeu o acendedor. — Bom dia.

— Qual é a ordem?

— É apagar minha lâmpada. Boa noite.

E ele a reacendeu.

— Por que você acaba de reacendê-la?

— Isto são ordens, — respondeu o acendedor.

— I don't understand, — said the little prince.

    — There's nothing to understand, — said the lamplighter. — Orders are orders. Good morning.

— Eu não entendo, — disse o pequeno príncipe.

    — Não há nada para entender, — disse o acendedor. — Ordens são ordens. Bom dia.

And he put out his lamp.

Then he mopped his forehead with a red check handkerchief.

— I have a terrible job. It used to be all right. I put them out in the morning and lit them in the evening. I had the rest of the day to relax and the rest of the night to

E ele apagou sua lâmpada.

Então ele enxugou a testa com um lenço vermelho.

— Eu faço um trabalho terrível lá. Era razoável antes. Desligava de manhã e acendia à noite. Eu tinha o resto do dia para descansar, e o resto da noite para

sleep …

— And have the orders changed since then?

— The orders haven't changed, — said the lamplighter. — That's the real tragedy! Year on year the planet has been turning more quickly, and the orders are still the same!

— So? — said the little prince.

— So now it turns round once a minute, I don't have a moment's rest. I have to light the lamp and put it out once every minute.

— That's funny! Your days only last a minute!

— It's not funny at all, — said the lamplighter. — A month has gone by already since we've been talking to each other.

— A month?

— Yes. Thirty minutes. Thirty days! Goodnight.

And he lit up his lamp again.

The little prince watched him and he loved this lamplighter who was so faithful to his orders. He remembered the sunsets that he himself used to gaze at, moving his chair. He wanted to help his friend.

— You know … I've thought of a way you can rest whenever you want to …

— I want to all the time, — said the lamplighter.

Because it is possible to be both faithful and lazy at the same time.

The little prince went on:

— Your planet is so small that you can go around it in three

dormir...

— E desde aquela época, as ordens foram mudadas?

— As ordens não mudaram, — disse o acendedor. — É aí que esta o drama! O planeta, de ano em ano se tornou mais rápido, e as ordens não mudaram!

— Então? — disse o pequeno príncipe.

— Então, agora que ele dá uma volta por minuto, eu não tenho mais um segundo de descanso. Eu acendo e apago uma vez por minuto!

— Isso é engraçado! Os dias em seu planeta durarem um minuto!

— Não é engraçado, mesmo, — disse o acendedor. — Faz um mês que estamos conversando.

— Um mês?

— Sim. Trinta minutos. Trinta dias! Boa noite.

E ele reacendeu sua lâmpada

O pequeno príncipe olhou para ele e ele gostou que este acendedor era tão fiel às ordens. Lembrou-se dos pores do sol que ele mesmo já tinha ido procurar, puxando sua cadeira. Ele quis ajudar seu amigo:

— Você sabe... Eu conheço um jeito para você poder descansar quando quiser...

— Eu sempre quero, — disse o acendedor.

Porque pode-se ser, ao mesmo tempo, fiel e preguiçoso.

O pequeno príncipe continuou:

— Seu planeta é tão pequeno que você

strides. You only have to walk quite slowly to stay in the sun all the time. When you want to rest, you can walk, and the day will last as long as you want it to.

— That doesn't get me very far, — said the lamplighter. — The one thing I like to do in life is sleep.

— That's bad luck, — said the little prince.

— It's bad luck, — agreed the lamplighter. — Good morning.

And he put out his lamp.

"That one", said the little prince to himself as he went on his way, "would be despised by all the others, by the King, the conceited man, the drinker, the businessman. All the same, he's the only one that I don't find ridiculous. Perhaps that's because he thinks of something other than himself."

He heaved a sigh of regret, and said to himself again:

"That man is the only one I could have made friends with. But his planet really is too small. It has no room on it for two people …"

What the little prince didn't dare admit to himself was how sad he was to leave this planet, and, above all, the one thousand four hundred and forty sunsets every twenty-four hours!

lhe dá a volta em três passadas. Você só tem que andar devagar o suficiente para ficar sempre no sol. Quando você quiser descansar, você vai andar... e o dia durará tanto tempo quanto você quiser.

— Isso não me adianta muito, — disse o acendedor. — O que eu gosto na vida é dormir.

— Então não há jeito, — disse o pequeno príncipe.

— Não há jeito, — disse o acendedor. — Bom dia.

E ele apagou a sua lâmpada.

"Aquele", disse a si mesmo o pequeno príncipe, "enquanto ele prosseguia sua viagem para mais longe, aquele será desprezado por todos os outros, pelo rei, pelo vaidoso, pela beberrão, pelo empresário. No entanto, é o único que não me parece ridículo. Isto é, talvez, porque ele se ocupa de algo diferente de si mesmo."

Ele deu um suspiro de pesar e disse novamente:

"Aquele é o único que eu poderia ter feito meu amigo. Mas seu planeta é realmente muito pequeno. Não há espaço para dois..."

O que o pequeno príncipe não ousava confessar, é que ele lamentava por este planeta abençoado, por causa, sobretudo, dos mil quatrocentos e quarenta pores do sol a cada vinte e quatro horas!

XV

The sixth planet was a planet that was ten times greater. It was inhabited by an elderly gentleman, who wrote huge books.

— Oh, look! Here comes an explorer! — he exclaimed, as soon as he saw the little prince.

The little prince sat on the table, rather out of breath. He'd been travelling such a long way by now!

— Where did you spring from? — enquired the elderly gentleman.

— What's that great, big book? — said the little prince. — What do you do here?

O sexto planeta era um planeta dez vezes maior. Ele era habitado por um velho Senhor que escrevia livros enormes.

— Vejam só! Eis aqui um explorador! — ele exclamou, quando viu o pequeno príncipe.

O pequeno príncipe sentou-se à mesa e ofegava um pouco. Ele já havia viajado tanto!

— De onde você vem? — Disse-lhe o velho Senhor.

— O que é este grande livro? — Disse o pequeno príncipe. — O que você faz aqui?

— I'm a geographer, — said the elderly gentleman.

— What's a geographer?

— A geographer is a scholar who knows where to find the seas, rivers, towns, mountains and deserts.

— That's so very interesting, — said the little prince. — That's a real vocation at last. — And he glanced all around him at the geographer's planet. He had never seen such a majestic planet before.

— Your planet is very beautiful. Does it have oceans?

— I can't know that, — said the geographer.

— Oh! (The little prince was disappointed.) And mountains?"

— I can't know that, — said the geographer.

— And cities, and rivers, and deserts?

— I can't know that, either, — said the geographer.

— But you're a geographer!

— That's right, — the geographer said. — But I'm not an explorer. There are no explorers here at all. Geographers don't go out and count the towns, the rivers, the seas, the oceans, or the deserts. Geographers are much too important to stroll around. They never leave the office. But they interviews the explorers. They asks them questions, and makes a note of what they remember. And, if one of them remembers something that seems interesting, geographers do an investigation into his or her moral character.

— *Eu sou geógrafo,* — *disse o velho Senhor.*

— *O que é um geógrafo?*

— *Ele é um estudioso que sabe a localização de todos os mares, rios, cidades, montanhas e desertos.*

— *Isto é muito interessante,* — *disse o pequeno príncipe.* — *Esta é enfim, uma verdadeira profissão!* — *E ele lançou um olhar em volta dele no planeta do geógrafo. Ele jamais havia visto um planeta tão majestoso.*

— *Ele é muito bonito, o seu planeta. Existem oceanos?*

— *Eu não posso saber,* — *disse o geógrafo.*

— *Ah! (O pequeno príncipe estava decepcionado.) E montanhas?*

— *Eu não posso saber,* — *disse o geógrafo.*

— *E cidades, e rios e desertos?*

— *Não posso saber,* — *disse o geógrafo.*

— *Mas você é um geógrafo!*

— *Isso mesmo,* — *disse o geógrafo,* — *mas eu não sou um explorador. Faltam-me exploradores. Não é o geógrafo que vai contar as cidades, rios, montanhas, mares, oceanos e desertos. O geógrafo é muito importante para passear. Ele não deixa seu escritório. Mas lá ele recebe os exploradores. Ele os questiona, e ele anota suas memórias. E se as lembranças de um deles lhe parece interessantes, o geógrafo realiza uma pesquisa sobre o caráter do explorador.*

— Why is that?

— Because an untruthful explorer would be a disaster for the geography books. So would an explorer who drank too much.

— Why is that? — repeated the little prince.

— Because people who are drunk see double. So the geographer would note down two mountains where there is only one.

— I know someone who would make a bad explorer, — said the little prince.

— Possibly. So, if the explorer's moral character seems fine, we do an investigation into his discovery.

— You go and look at it?

— No. That would be too difficult. But we require the explorer to supply proofs. For instance, if it's a question of discovering a large mountain, he's expected to bring back large stones from it.

The geographer suddenly became very excited.

— But you, you come from far away! You're an explorer! You can describe your planet to me!

And the geographer opened his large register and sharpened his pencil. Explorers' details were always noted down first in pencil. Waiting for proofs that had to be supplied before they could be written down in ink.

— Well? — said the geographer.

— Oh! where I live, — said the little prince, — it's not very interesting, it's all so small. I have

— Por que isso?

— Porque um explorador que mentisse colocaria catástrofes em livros de geografia. E também, um explorador que bebesse demais.

— Por quê? — Disse o pequeno príncipe.

— Porque os bêbados veem em dobro. Então o geógrafo anotaria duas montanhas onde há apenas uma.

— Eu conheço alguém, — disse o pequeno príncipe, — que seria um mau explorador.

— É possível. Então, quando o caráter do explorador parece ser bom, faz-se um levantamento da sua descoberta.

— Alguém vai ver?

— Não. É muito complicado. Mas exige-se do explorador que ele forneça provas. Se tratar, por exemplo, da descoberta de uma grande montanha, exige-se que ele traga grandes pedras.

O geógrafo subitamente ficou mudo.

— Mas você, você vem de longe! Você é um explorador! Você vai descrever seu planeta para mim!

E o geógrafo, tendo aberto seu registro, apontou seu lápis. Em primeiro lugar, anota-se à lápis os relatos dos exploradores. Espera-se, para anotar à tinta, que o explorador tenha fornecido provas.

— Então? — interrogou o geógrafo.

— Oh! Onde eu moro, — disse o pequeno príncipe, — não é muito interessante, é muito pequeno. Eu tenho

three volcanoes. Two active volcanoes, and one extinct one. But you never know.

— You never know, — agreed the geographer.

— I have a flower, too.

— We don't make a note of flowers, — said the geographer.

— Why not? It's the prettiest thing of all.

— Because flowers are ephemeral.

— What does 'ephemeral' mean?

— Geography books, — explained the geographer, — are the most profound books of all. They never go out of fashion. It's very rare for a mountain to change its position. It is very rare for an ocean to lose all its water. We write about things that are eternal.

— But extinct volcanoes could come to life again, — the little prince interrupted. — What do you mean by 'ephemeral'?

— Whether the volcanoes are extinct or active, for us it comes to the same thing, — said the geographer. — All that matters to us is that they are mountains. That never changes.

— But what do you mean by 'ephemeral'? — the little prince repeated, who in all his life had never let a question go once it had been asked.

— It means 'likely to disappear before very long'.

— My flower may disappear before very long?

— Certainly.

três vulcões. Dois vulcões em atividade, e um vulcão extinto. Mas nunca se sabe.

— Nunca se sabe, — disse o geógrafo.

— Eu também tenho uma flor.

— Nós não anotamos as flores, disse o geógrafo.

— Por quê?! Isso é o mais bonito!

— Porque as flores são efêmeras.

— O que quer dizer "efêmera"?

— As geografias, — disse o geógrafo, — são os livros mais sérios de todos os livros. Eles nunca saem de moda. É muito raro que uma montanha mude de lugar. É muito raro que um oceano esvazie-se de sua água. Nós escrevemos sobre coisas eternas.

— Mas os vulcões extintos podem acordar, — interrompeu o pequeno príncipe. — O que significa "efêmera"?

— Se vulcões estão extintos ou ativos, é o mesmo para nós, — disse o geógrafo. — O que nos interessa é a montanha. Ela não muda.

— Mas o que "efêmera" significa? — Repetiu o pequeno príncipe, em sua vida jamais tinha renunciado a uma pergunta, uma vez que a tivesse feito.

— Isto significa "que está ameaçada de desaparecimento próximo".

— Minha flor ameaçada de desaparecimento próximo?

— Claro.

"My flower is ephemeral", the little prince said to himself, "and she only has four thorns to protect her against the whole world! And I have left her all alone on my planet!"

These were his first stirrings of regret. But he took heart again.

— Where would you advise me to visit next? — he asked.

— The planet Earth, — the geographer replied. — It's got a good reputation.

And the prince went on his way, dreaming of his flower.

"Minha flor é efêmera", disse a si mesmo o pequeno príncipe, "e ela tem apenas quatro espinhos para se defender contra o mundo! E eu a deixei sozinha em casa!"

Esse foi o seu primeiro momento de arrependimento. Mas ele tomou coragem:

— O que você me aconselha a visitar? — Ele perguntou.

— O planeta Terra, — respondeu o geógrafo. — Ele tem uma boa reputação...

E o pequeno príncipe foi embora, pensando em sua flor.

XVI

So the seventh planet he visited was the Earth.

Earth isn't just any other planet! It has one hundred and eleven kings (not forgetting, of course, the African kings), seven thousand geographers, nine hundred thousand businessmen, seven and a half million drinkers, three hundred and eleven million conceited men, which means around two billion grown-ups.

To give you an idea of the size of the Earth, I can tell you that before electricity was invented, on all the continents put together they had to maintain a veritable army of four hundred and sixty-two thousand, five hundred and eleven lamplighters.

Seen from a short distance away, the effect was spectacular. The movements of this army were choreographed like those of a ballet at the opera. First came the turn of lamplighters from New Zealand and Australia. Then, when their lamps were lit, they went away and slept. Next in turn for the dance came lamplighters from China and Siberia. Then they too in their turn vanished into the wings. Then came the turn of the lamplighters from Russia and India. Then the ones from Africa and Europe. Then the ones from South America. Then the ones from North America. And they never put a foot wrong in their order of coming on stage. It was magnificent.

O sétimo planeta foi, portanto, a Terra.

A Terra não é um planeta qualquer! Existem cento e onze reis (não esquecendo, é claro, os reis negros), sete mil geógrafos, novecentos mil empresários, sete milhões e meio de bêbados, trezentos milhões de vaidosos, ou seja, cerca de dois bilhões de adultos.

Para lhe dar uma ideia das dimensões da Terra vos direi que, antes da invenção da eletricidade, era necessário manter em todos os seis continentes, um verdadeiro exército de quatrocentos e sessenta e dois mil quinhentos e onze acendedores de luzes de rua.

Visto de longe isto dava um efeito esplêndido. Os movimentos desse exército eram regulados como os de um balé. Primeiro era a vez dos acendedores de luzes de rua da Nova Zelândia e da Austrália. Depois eles, tendo iluminado suas luzes de rua, iam dormir. Em seguida, entravam para sua vez na dança, os acendedores de luzes de rua da China e da Sibéria. Depois, eles também se escondiam nos bastidores. Então, chegava a vez dos acendedores de luzes de rua da Rússia e Índia. Depois, os da África e da Europa. Em seguida, os da América do Sul. Depois, os da América do Norte. E eles nunca se enganavam quanto a sua ordem de entrada em cena. Era grandioso.

Only the single lamplighter from the North Pole and his counterpart, the single lamplighter from the South Pole, led a leisurely and carefree existence: they only had to work twice a year.

Apenas o acendedor da única lâmpada no Polo Norte, e seu colega da única lâmpada no Polo Sul, levavam uma vida de ociosidade e indiferença: eles trabalhavam duas vezes por ano.

XVII

When someone wants to be witty, they may tell a few untruths. I haven't been entirely honest in what I told you about lamplighters. I run the risk of giving a false idea of our planet to those who are strangers to it. Men take up very little space on the planet. If the two billion people who inhabit the Earth all stood up, rather squashed together, as if they were at a meeting, they would easily fit into a public place twenty miles long and twenty miles wide. You could pile the whole of humanity on a tiny little island in the pacific.

Of course, grown-ups would not believe this. They imagine they take up plenty of space. They think they are important, like the baobabs. So you will have to advise them to work it out for themselves. They love figures: they'd enjoy that. But don't you waste your time on this chore. It's futile. You trust me.

Once he reached the Earth, the little prince was very surprised not to see anyone. He was beginning to be afraid he had got the wrong planet, when a circle the colour of moonlight slithered across the sand.

Quando se quer ser espirituoso, às vezes mente-se um pouco. Eu não tenho sido muito honesto em lhe falar dos acendedores de lâmpadas de rua. Eu me arrisco a dar uma falsa ideia do nosso planeta para aqueles que não o conhecem. Os homens ocupam muito pouco espaço na terra. Se os dois bilhões de pessoas que habitam a terra estivessem de pé e um pouco apertados, como em uma reunião, eles poderiam facilmente ser colocados em uma praça pública com vinte milhas de comprimento e vinte milhas de largura. Poderia se amontoar a humanidade na menor ilha no Pacífico.

Os adultos, claro, não acreditarão em você. Eles imaginam que ocupam muito espaço. Eles se veem como tão importantes como os baobás. Você deve aconselhá-los a fazer o cálculo. Eles adoram os números: isso irá agradá-los. Mas não perca seu tempo com esta tarefa. É inútil. Você confia em mim.

O pequeno príncipe, uma vez em terra, ficou muito surpreso por não ver ninguém. Ele já estava com medo de ter se enganado de planeta, quando um anel da cor da lua brilhou na areia.

— Good evening, — said the little prince, just in case.

— Good evening, — said the snake.

— What planet have I fallen onto? — said the little prince.

— On Earth, in Africa, — replied the snake.

— Oh! Are there no people on Earth?

— This is a desert. Nobody lives in deserts. The Earth is huge, — said the snake.

The little prince sat down on a stone and raised his eyes to the sky.

He said, — I wonder if the stars

— *Boa noite,* — *disse o pequeno príncipe completamente ao acaso.*

— *Boa noite,* — *disse a serpente.*

— *Em que planeta eu caí?* — *Perguntou o pequeno príncipe.*

— *Na Terra, África,* — *respondeu a serpente.*

— *Ah!... Não há então pessoas na Terra?*

— *Aqui é o deserto. Não há pessoas nos desertos. A Terra é grande,* — *disse a serpente.*

O pequeno príncipe sentou-se em uma pedra e olhou para o céu:

— *Eu me pergunto,* — *disse ele,* —

are all lit up so that every one can find his way back to his own, one day. Look at my planet. It's just above us. But it's so far away!

— It's beautiful, — said the snake. — Why have you come here?

— I was having a few problems with a flower, — said the little prince.

— Ah! — said the snake.

And they fell silent.

se as estrelas são acesas para que todos possam um dia encontrar a sua. Olhe para o meu planeta. Ele está um pouco acima de nós... Mas como está longe!

— Ele é lindo, — disse a serpente. — O que você veio fazer aqui?

— Tenho problemas com uma flor, — disse o pequeno príncipe.

— Ah! — disse a serpente.

E eles se calaram.

— Where are all the people? — the little prince took up the conversation again. — One gets a bit lonely in the desert.

— One gets a bit lonely among people, too, — the snake said.

— Onde estão os homens? — Disse finalmente o pequeno príncipe. — É um pouco solitário no deserto...

— Também se é solitário entre os homens, — disse a serpente.

The little prince looked at him for a long time.

— You're a funny sort of creature, — he said, at last. — Thin, like a finger …

— But I'm more powerful than even a King's finger, — said the snake.

The little prince smiled.

— You're not very powerful … you don't even have paws … you can't even travel anywhere …

— I could take you further than a ship, — said the snake.

He twined himself around the little prince's ankle, like a golden bracelet.

— Whoever I touch, I send them to the land they came from, — he spoke again. — But you have a pure heart, and you come from a star …

The little prince made no reply.

— I feel sorry for you, such a weak creature on this granite Earth. I can help you one day if you are too homesick for your planet. I can …

— Oh! I understand you perfectly, — said the little prince. — But why do you always speak in riddles?

— I can solve them all, — said the snake.

And they fell silent.

O pequeno príncipe a olhava demoradamente:

— Você é um animal engraçado, — ele disse enfim, — fina como um dedo...

— Mas sou mais poderosa do que o dedo de um rei, — disse a serpente.

O pequeno príncipe sorriu:

— Você não é tão poderosa... você nem tem pernas... você não pode sequer viajar...

— Posso levá-lo mais longe do que um navio, — disse a serpente.

Ela se enrolou em torno do tornozelo do pequeno príncipe, como um bracelete de ouro:

— Aquele que eu toco, eu o envio de volta para a terra de onde ele veio, — disse ela novamente. — Mas você é puro e você vem de uma estrela...

O pequeno príncipe não respondeu nada.

— Tenho pena de você, você é tão fraco nesta Terra de granito. Eu posso ajudá-lo um dia, se você se arrepender demais do seu planeta. Eu, posso...

— Oh! Eu entendi muito bem, — disse o pequeno príncipe, — mas por que você sempre fala por enigmas?

— Eu os resolvo todos, — disse a serpente.

E eles se calaram.

XVIII

The little prince crossed the desert but he found only one flower. A flower with three petals, a flower of nothing at all …

— Good morning, — said the little prince.

— Good morning, — said the flower.

— Where are all the people? — asked the little prince.

The flower had once seen a caravan go by.

— People? I think there are about six or seven of them in existence. I saw them years ago. But you never know where to find them. The wind blows them. They don't have roots, it makes life difficult for them.

— Goodbye, — said the little prince.

— Goodbye, — said the flower.

O pequeno príncipe atravessou o deserto e encontrou nada além de uma flor. Uma flor com três pétalas, uma flor de nada...

— Olá, — disse o pequeno príncipe.

— Olá, — disse a flor.

— Onde estão os homens? — Perguntou educadamente o pequeno príncipe.

A flor, um dia, tinha visto passar uma caravana:

— Os homens? Eles existem, creio eu, seis ou sete. Os vi há anos atrás. Mas nunca se sabe onde encontrá-los. O vento os faz passear. Eles não têm raízes, isto os incomoda muito.

— Adeus, — disse o pequeno príncipe.

— Adeus, — disse a flor.

XIX

The little prince climbed a high mountain. The only mountains he had ever known were the three volcanoes that came up to his knees. And he used the extinct volcano as a stool. So he said to himself, "from the top of a high mountain like this one, I could see the whole planet and all the people at one go ..." But he didn't see anything apart from sharp, rocky peaks.

O pequeno príncipe subiu uma montanha alta. As únicas montanhas que conhecera eram os três vulcões, que lhe chegavam no joelho. E ele usava o vulcão extinto como um banquinho. "De uma montanha tão alta como esta", ele disse para si, "eu verei, de repente, todo o planeta e todos os homens..." Mas ele não viu nada a não ser as agulhas de rocha afiadas.

— Good morning! — he said, just in case.

— Bom dia, — disse ele ao acaso.

— Good morning … good morning … good morning … — replied the echo.

— Who are you? asked the little prince.

— Who are you … who are you … who are you … — replied the echo.

— Be friends with me, I am all alone, — he said.

— All alone … all alone … all alone, — replied the echo.

"What a funny sort of planet this is!" he thought to himself. "It's completely dry, all pointed and entirely salty. The people have no imagination. They repeat whatever you say to them. Back home I have a flower: she always used to speak first ..."

— *Bom dia... Bom dia... Bom dia... — respondeu o eco.*

— *Quem é você? — disse o pequeno príncipe.*

— *Quem é você... quem é você... quem é você... — respondeu o eco.*

— *Sejam meus amigos, eu estou sozinho, — disse ele.*

— *Estou sozinho... Eu estou sozinho... Eu estou sozinho..., — respondeu o eco.*

"Que planeta estranho!" Pensou ele então. "É todo seco, e todo pontiagudo, e todo salgado. E as pessoas não têm imaginação. Elas repetem o que lhes dizem... No meu planeta eu tinha uma flor, ela sempre falava primeiro..."

XX

But it turned out that the little prince, after walking for a long time over sand, rocks and snow, at last found a road. And all roads go to where people live.

Good morning, — he said.

He had found a garden full of roses.

— Good morning, — the roses replied.

The prince stared at them. They all looked like his flower.

Mas aconteceu que o pequeno príncipe, tendo muito tempo andado através das areias, das rochas e das neves, finalmente descobriu uma estrada. E todas as estradas levam aos homens.

— Bom dia, — disse ele.

Era um jardim florido com rosas.

— Bom dia, — disseram as rosas.

O pequeno príncipe olhou para elas. Todas elas se pareciam com a sua flor.

— Who are you? — he asked them, in amazement.

— We are roses, — said the roses.

— Ah! — said the little prince.

And he felt very unhappy. His flower had told him that she was the only one of her kind in the universe. And here were five thousand of them, all looking just the same, in one single garden!

"How cross she would be", he said to himself, "if she saw this …

— Quem são vocês? — Ele perguntou, estupefato.

— Nós somos rosas, — disseram as rosas.

— Ah! — disse o pequeno príncipe...

E sentia-se muito infeliz. Sua flor lhe dissera que ela era a única de sua espécie no universo. E eis que havia cinco mil, todas semelhantes, em um único jardim!

"Ela estaria muito irritada", ele disse

she would cough alarmingly and pretend to die so as not to be laughed at. And I'd have to pretend to look after her, because if I didn't do that, and humble myself as well, she really would let herself die …"

Then he went on: "I thought I was rich with one unique flower, and all I had was an ordinary rose. That and my three volcanoes, which came up to my knee, and one of them is extinct, perhaps forever. That doesn't make me a very great prince …" and he lay down in the grass and wept.

para si mesmo, "se ela visse isto... ela tossiria muito e faria cara de morta para escapar do ridículo. E eu seria obrigado a fingir cuidar dela, porque, caso contrário, para me humilhar, ela realmente se deixaria morrer..."

Então ele disse novamente para si mesmo: "Eu pensei que eu era rico com uma única flor, e eu só possuo uma rosa comum. Isso e os meus três vulcões que chegam ao meu joelho, e um dos quais, talvez, esteja extinto para sempre, isso não faz de mim um grande príncipe..." E, deitado na grama, ele chorou.

XXI

That's when the fox appeared.

— Good morning, — said the fox.

— Good morning, — the little prince replied politely. He turned round, but couldn't see anything.

— Here I am, — said the fox. — Under the apple tree.

Foi então que apareceu a raposa:

— Bom dia, — disse a raposa.

— Olá, — respondeu educadamente o pequeno príncipe, que se virou, mas não viu nada.

— Eu estou aqui, — disse a voz, — debaixo da macieira...

— Who are you? — asked the prince. — You're very pretty.

— I'm a fox, — said the fox.

— Come and play with me, — the little prince invited him. — I'm so unhappy.

— I can't play with you, — replied the fox. — I haven't been tamed.

— Oh! I'm sorry, — said the little prince.

But, on reflection, he added:

— What does 'tame' mean?

— Quem é você? — disse o pequeno príncipe. — Você é muito bonita...

— Sou uma raposa, — disse a raposa.

— Venha brincar comigo, — propôs o pequeno príncipe. — Estou tão triste...

— Eu não posso brincar contigo, — disse a raposa. — Eu não estou domesticada.

— Ah! perdão, — disse o pequeno príncipe.

Mas depois de refletir, acrescentou:

— O que significa "domesticar"?

— You don't come from these parts, — said the fox. — What are you looking for?

— I'm looking for people, — said the little prince. — What does 'tame' mean?

— Men, — said the fox, — have guns, and hunt. It's a real nuisance! They keep chickens, too. These are their only interests. Are you looking for chickens?

— No, — replied the little prince. — I'm looking for friends. What does 'tame' mean?

— It's something that's too often forgotten, — said the fox. — It means 'form bonds' ...

— Form bonds?

— Certainly, — the fox went on. — To me you are still no more than a little boy no different from a hundred thousand other little boys. And I don't need you. And you don't need me either. To you, I am no more than a fox no different from a hundred thousand other foxes. But, if you tamed me, we would need each other. You would be the only one in the world for me. I would be the only one in the world for you ...

— I'm beginning to understand, — said the little prince. — There's a flower ... I think she's tamed me.

— It's possible, — said the fox. — You see all sorts of things on the Earth ...

— Oh! But this isn't on the Earth, — said the little prince.

The fox seemed very intrigued.

— Você não é daqui, — disse a raposa, — o que você procura?

— Estou à procura de homens, — disse o pequeno príncipe. — O que significa "domesticar"?

— Os homens, — disse a raposa, — têm fuzis e caçam. Isso é constrangedor! Eles também criam galinhas. É seu único interesse. Você está procurando galinhas?

— Não, — disse o pequeno príncipe. — Estou à procura de amigos. O que significa "domesticar"?

— É uma coisa muitas vezes esquecida, — disse a raposa. — Significa "criar ligações..."

— Criar ligações?

— Claro, — disse a raposa. — Você ainda é para mim um garoto completamente igual a cem mil outros garotos. E eu não preciso de você. E você não precisa de mim. Eu sou para você uma raposa igual a cem mil outras raposas. Mas se você me domesticar, nós teremos necessidade um do outro. Você será único para mim no mundo. Eu serei única para você no mundo...

— Eu começo a entender, — disse o pequeno príncipe. — Existe uma flor... eu... eu acho que ela me domesticou...

— É possível, — disse a raposa. — Nós vemos na Terra todos os tipos de coisas...

— Oh! Isto não é na Terra, — disse o pequeno príncipe.

A raposa parecia bastante intrigada:

— On another planet?

— Yes.

— Does that planet have hunters?

— No.

— Now that's interesting. Does it have chickens?

— No.

— Nothing's perfect, — sighed the fox.

But the fox returned to his idea.

— I live a monotonous life. I hunt chickens, men hunt me. The chickens all look alike and the men all look alike, so I get a bit bored. But if you tamed me, it would light up my life. I would get to know a footstep that will be different from all the rest. Other footsteps make me go back underground. Yours will call me out of my earth, like

— *Num outro planeta?*

— *Sim.*

— *Há caçadores nesse planeta?*

— *Não.*

— *Isso é interessante! E galinhas?*

— *Não.*

— *Nada é perfeito, — suspirou a raposa.*

Mas a raposa voltou à sua ideia:

— *Minha vida é monótona. Eu caço as galinhas, os homens me caçam. Todas as galinhas se parecem e todos os homens se parecem. Então, eu estou um pouco entediada. Mas se você me domesticar, minha vida ficará ensolarada. Eu conhecerei um ruído de passos que será diferente de todos os outros. Os outro me fazem entrar debaixo da terra. O seu vai me chamar para fora da toca, como uma*

music. And then look! You see that cornfield down there? I don't eat bread. Corn is no use to me. Cornfields mean nothing to me. And that's sad. But your hair is the colour of gold. So it will be wonderful when you have tamed me! The golden corn will remind me of you. And I will love the sound of the wind in the corn ...

The fox fell silent and gazed at the little prince for a long time.

— Please ... tame me! — he said.

— I would love to, — answered the little prince, — but I don't have a lot of time. I have friends to discover and a lot of things to get to know.

— You only get to know the things that you tame, — said the fox. — Men don't have time to get to know anything. They buy everything ready made at the shops. But no one sells friends, so men don't have any friends. If you want a friend, tame me!

— What do I have to do? — asked the little prince.

— You have to be very patient, — answered the fox. — First you would have to sit down a little way away from me, like that, in the grass. I'll look at you out of the corner of my eye and you will say nothing. Speaking gives rise to misunderstandings. But, everyday, you'll be able to sit a little nearer ...

The next day the little prince came back.

música. E depois olhe! Você vê, lá embaixo, os campos de trigo? Eu não como pão. O trigo para mim é inútil. Os campos de trigo não me lembram nada. E isso é triste! Mas você tem cabelos da cor de ouro. Então será maravilhoso quando você me domesticar! O trigo, que é dourado, vai me lembrar de você. E eu gostarei do som do vento no trigo...

A raposa calou-se e olhou para o pequeno príncipe por um longo tempo:

— Por favor... domestica-me! — disse ela.

— Eu quero muito, — respondeu o pequeno príncipe, — mas eu não tenho muito tempo. Tenho amigos a descobrir e muitas coisas a conhecer.

— A gente só conhece as coisas que se domestica, — disse a raposa. — Os homens já não têm mais tempo para conhecer nada. Compram tudo prontinho nas lojas. Mas, como não existem lojas para comprar amigos, os homens não têm mais amigos. Se você quiser um amigo, me domestique!

— O que é preciso fazer? — Disse o pequeno príncipe.

— É preciso ser muito paciente, — respondeu a raposa. — Primeiro você se sentará um pouco longe de mim, assim, na grama. Eu lhe olharei com o canto do olho e você não dirá nada. A linguagem é fonte de mal-entendidos. Mas, a cada dia, você poderá se sentar um pouco mais perto...

No dia seguinte o pequeno príncipe voltou.

— It would be better to come back at the same time, — the fox said. — If, for instance, you come at four o'clock in the afternoon, after three o'clock I shall start to feel happy. As the time grows closer I shall get happier and happier. By four o'clock I shall be anxious and worried: I will find out the price of happiness! But if you come at just any time, I shall never know what time to get my heart ready … rites are necessary.

— What's a 'rite'? — asked the little prince.

— That's another thing that's too often forgotten, — said the fox. — It's what makes one day different from other days and one hour different from other hours. For instance, the men who hunt me observe a rite. Every Thursday they dance with the girls from the village. So Thursday is a marvellous day. I can stroll as far as the vineyards! If

— Teria sido melhor voltar na mesma hora, — disse a raposa. — Se você vier, por exemplo, às quatro horas da tarde, desde as três horas eu começarei a estar feliz. Quanto mais a hora passar, mais feliz me sentirei. Às quatro horas, eu me agitarei e me inquietarei; eu descobrirei o preço da felicidade! Mas se você vir a qualquer momento, nunca saberei a hora de preparar meu coração... é preciso ter um rito.

— O que é um rito? — Disse o pequeno príncipe.

— Isso também é algo muito esquecido, — disse a raposa. — Isto é o que faz com que um dia seja diferente dos outros dias; uma hora, das outras horas. Há um rito, por exemplo, entre os meus caçadores. Quinta-feira eles dançam com as moças da aldeia. Assim, quinta-feira é um dia maravilhoso! Vou até à videira passear. Se os caçadores dançassem a

the hunters danced at just any time, the days would be all alike, and I wouldn't ever have a day off.

So the little prince tamed the fox. And when the time drew near for him to go:

— Oh, — said the fox, — I shall cry.

— It's your own fault, — said the little prince, — I never wished you any harm, but you wanted me to tame you ...

— That's true, — said the fox.

— But you're going to cry! — said the little prince.

— Of course, — said the fox.

— So you're no better off!

— I am better off, — said the fox, — because of the colour of the corn.

Then he added:

— Go and look at the roses again. You will learn that yours is unique in the world. Come back to say goodbye to me, and I'll let you into a secret.

The little prince went off to look at the roses again.

— You're not at all like my rose, you're nothing yet, — he told them. — Nobody has tamed you and you haven't tamed anybody. You're like my fox was. He was a fox no different from a hundred thousand other foxes. But I made him my friend, and now there isn't another one like him in the whole world.

And the roses were quite embarrassed.

— You're beautiful but you're empty, — the little prince told them. — No one could die for you.

qualquer momento, todos os dias seriam parecidos, e eu não teria férias.

Então o pequeno príncipe domesticou a raposa. E quando a hora da partida se aproximava:

— Ah! — disse a raposa... — eu chorarei.

— A culpa é sua, — disse o pequeno príncipe, — eu não lhe desejei nada de mal, mas você queria que eu te domesticasse...

— Claro, — disse a raposa.

— Mas você vai chorar! — disse o pequeno príncipe.

— Claro, — disse a raposa.

— Então você não ganha nada!

— Eu ganho, — disse a raposa, — por causa da cor do trigo.

Então, ela acrescentou:

— Vá rever as rosas. Você compreenderá que a sua é única no mundo. Voltará para me dizer adeus, e eu lhe darei de presente um segredo.

O pequeno príncipe foi rever as rosas.

— Vocês não são semelhantes a minha rosa, vocês não são nada ainda, — lhes disse ele. — Ninguém as domesticou e vocês não domesticaram ninguém. Vocês estão como estava a minha raposa. Era apenas uma raposa semelhante a cem mil outras. Mas eu a fiz minha amiga e agora ela é única no mundo.

E as rosas estavam muito envergonhadas.

— Vocês são belas, mas vocês estão vazias, — disse ele ainda. — Não se

Certainly, my own rose, to an ordinary passer-by would seem just like you. But she, and she alone, is more important than all of you, because she is the one I watered. Because she is the one I put under the cloche. Because she is the one I sheltered with the screen. Because she is the one I killed the caterpillars for (except two or three for the butterflies). Because she is the one I've listened to, complaining, or boasting, or even sometimes being quite silent. Because she's my rose.

And he went back to the fox.

— Goodbye, — he said.

— Goodbye, — said the fox. — And this is my secret. It's very simple: you can only truly see with the heart. What is essential is invisible to the eye.

— What is essential is invisible to the eye, — the little prince repeated, so he wouldn't forget.

— It's the time you wasted on your rose that makes your rose so important.

— It's the time I wasted on my rose … the little prince repeated, so he wouldn't forget.

— Men have forgotten this truth, — said the fox. — But you mustn't forget it. You become responsible forever for what you have tamed. You are responsible for your rose …

— I am responsible for my rose … — the little prince repeated, so he wouldn't forget.

pode *morrer por vocês. Claro, uma pessoa qualquer acharia que ela, a minha rosa, se parece com vocês. Mas ela sozinha é mais importante do que todas vocês, pois é ela que eu reguei. Pois é ela que eu coloquei na redoma. Pois é ela que tenho abrigado por trás da tela. Pois é por ela que eu matei as larvas (exceto duas ou três porque seriam borboletas). Pois é ela que eu ouvi se queixar, ou se vangloriar, ou mesmo, algumas vezes, se calar. Já que ela é minha rosa.*

E ele voltou à raposa:

— Adeus, — disse ele...

— Adeus, — disse a raposa. — Este aqui é o meu segredo. É muito simples: vemos bem apenas com o coração. O essencial é invisível aos olhos.

— O essencial é invisível aos olhos, — repetiu o pequeno príncipe, a fim de se lembrar.

— É o tempo que você perdeu com sua rosa que fez sua rosa tão importante.

— É o tempo que eu perdi pela minha rosa... — Repetiu o pequeno príncipe para se lembrar.

— Os homens esqueceram essa verdade, — disse a raposa. — Mas você não deve esquecer. Você se torna eternamente responsável por aquilo que domestica. Você é responsável por sua rosa.

— Eu sou responsável pela minha rosa... — o pequeno príncipe repetiu, a fim de se lembrar.

XXII

- **G**ood morning, — said the little prince.

— Good morning, — said the railway signalman.

— What do you do here? — asked the little prince.

— I sort out the passengers, in batches of a thousand, — said the railway signalman. — I send the trains that carry them on their way, sometimes to the right and sometimes to the left.

And, with a roar of thunder, a brightly lit express train shook the signalman's signal box.

— They're in such a hurry, — said the little prince. — What are they looking for?

— Even the train driver doesn't know that, — said the signalman.

And a second brightly lit express train roared past in the opposite direction.

— Are they on their way back already? — the little prince asked.

— Those aren't the same ones, — the signalman told him. — They change over.

— Aren't they happy where they are?

— No one is ever happy where he is, — said the signalman.

And a third brightly lit express train thundered past.

- ***B**om dia disse, — o pequeno príncipe.*

— *Bom dia, disse — o guarda-chaves.*

— *O que você faz aqui? — Disse o pequeno príncipe.*

— *Eu ordeno os viajantes, em blocos de mil, — disse o guarda-chaves. — Eu faço a expedição dos trens que os levam, às vezes para a direita, às vezes para a esquerda.*

E um expresso iluminado, estrondoso como um trovão, fez tremer a cabine de sinalização.

— *Eles estão com muita pressa, — disse o pequeno príncipe. — O que eles estão procurando?*

— *O homem da locomotiva nem sequer conhece a si mesmo, — disse o guarda-chaves.*

E soou, na direção oposta, um segundo expresso iluminado.

— *Eles já estão de volta? — Perguntou o pequeno príncipe...*

— *Estes não são os mesmos, — disse o guarda-chaves. — É uma troca.*

— *Eles não estavam satisfeitos lá onde eles estavam?*

— *Nunca se está satisfeito onde se está, — disse o guarda-chaves.*

E retumbou o trovão de um terceiro expresso iluminado.

— Are they looking for the first travellers? — asked the prince.

— They're not looking for anything at all, — said the signalman. — They're all asleep in there, or else they're yawning. Only the children press their noses against the windowpanes.

— Only children know what they are looking for, — said the little prince. — They waste time on a rag doll and it becomes very important to them, so that if anyone takes it away from them, they burst into tears …

— They're lucky, — said the signalman.

— *Eles estão perseguindo os primeiros viajantes?* — *Perguntou o pequeno príncipe.*

— *Eles não perseguem ninguém,* — *disse o guarda-chaves.* — *Eles dormem lá dentro, ou eles bocejam. As crianças sozinhas esmagam seus narizes contra os vidros.*

— *As crianças sozinhas sabem o que procuram,* — *disse o pequeno príncipe.* — *Elas perdem o seu tempo por uma boneca de pano e ela se torna muito importante, e se a retiram delas, elas choram...*

— *Elas têm sorte,* — *disse o guarda-chaves.*

XXIII

- **G**ood morning, — said the little prince.

— Good morning, — said the shopkeeper.

It was a shopkeeper who sold pills developed specifically to quench thirst. You swallowed one a week, and you didn't need to drink any more.

— Why are you selling this? — asked the little prince.

— It saves a lot of time, — said the shopkeeper. — Experts have calculated it all. You can save fifty three minutes each week.

— And what do people do with the fifty-three minutes?

— They do whatever they like …

"Personally", said the little prince to himself, "if I had fifty-three minutes to spare I'd take a stroll to a fountain …"

- *Bom dia,* — *disse o pequeno príncipe.*

— *Bom dia,* — *disse o comerciante.*

Era um mercador de avançadas pílulas que acalmam a sede. Engole-se uma por semana e não se sente necessidade de beber algo.

— *Por que você vende isso? — Disse o pequeno príncipe.*

— *É uma grande economia de tempo, — disse o comerciante. — Os peritos fizeram os cálculos. Economiza-se cinquenta e três minutos por semana.*

— *E o que se faz com os cinquenta e três minutos?*

— *Faz-se o que quiser...*

"Eu", disse o pequeno príncipe para si mesmo, "se eu tivesse cinquenta e três minutos para gastar, eu andaria calmamente em direção de uma fonte..."

XXIV

It was now the eighth day after my crash in the desert, and as I listened to the tale of the shopkeeper I drank the last drop of my water ration.

— Oh, — I told the little prince, — your reminiscences are all very well, but I still haven't repaired my aeroplane, I haven't anything left to drink, and nothing would make me happier than a stroll to a fountain!

— My friend the fox, he told me …

— My little man, this is no longer a matter of the fox!

— Why not?

— Because we are going to die of thirst …

Not following my argument, he replied:

— It's good to have had a friend, even if you are going to die. Personally I'm very glad to have had a fox for a friend …

"He has no idea of the danger", I said to myself. "He's never felt hunger or thirst. A bit of sunshine is enough for him …"

But he gazed at me, and, as if in answer to my thoughts, he said:

— I'm thirsty too … let's go and find a well …

I made a gesture of resignation. It's ridiculous to go looking for a well, at random, in the vast solitude

Nós estávamos no oitavo dia da minha pane no deserto, e eu tinha escutado a história do comerciante bebendo a última gota da minha reserva de água:

Ah! Eu disse para o pequeno príncipe, — são muito bonitas as suas lembranças, mas eu ainda não consertei meu avião, não tenho mais nada para beber, e eu ficaria feliz, também, se eu pudesse caminhar lentamente em direção à uma fonte!

— Minha amiga, a raposa, — me disse...

— Meu pequeno bom homem, não se trata mais de uma raposa!

— Por quê?

— Porque vamos morrer de sede...

Ele não entendeu meu raciocínio, ele me respondeu:

— É bom ter tido um amigo, mesmo se vamos morrer. Eu estou muito contente de ter tido uma amiga raposa...

— Ele não mede o perigo, — disse a mim mesmo. — Ele nunca tem nem fome nem sede. Um pouco de sol é suficiente para ele...

Mas ele me olhou e respondeu ao meu pensamento:

— Eu também tenho sede... Procuremos um poço...

Eu fiz um gesto de cansaço: é absurdo procurar um poço, ao acaso, na vastidão do deserto. Entretanto, pusemo-nos em

of the desert. All the same, we set off.

After we had walked along in silence for several hours, night fell, and the stars began to shine. I stared at them as if in a dream. I was slightly feverish because of my thirst. The little prince's words were dancing in my memory:

— So do you feel thirsty, too? — I asked.

But he made no reply. He just said:

— Water can be good for the heart, as well.

I had no idea what he meant, but I said no more. By then I knew very well it would do no good to interrogate him.

He was tired. He sat down. I sat beside him. And after a silence he spoke again:

— The stars are beautiful because of a flower you can't even see …

I answered, — Yes, that's true, — and gazed in silence at the ridges of desert sand in the moonlight.

The desert is beautiful, — he ventured.

And it really was. I have always loved the desert. You sit down on a sand dune. Not a sight, not a sound. And yet something radiates through the silence …

— The good thing about the desert, — said the little prince, — is that, somewhere or other, it hides a well …

Astonished, I suddenly

marcha.

Quando tínhamos caminhado, por horas, em silêncio, a noite caiu. As estrelas começaram a aparecer. Eu as percebia como em um sonho, com um pouco de febre, por causa da minha sede. As palavras do pequeno príncipe dançavam em minha memória:

— Então você também está com sede? — Perguntei a ele.

Mas ele não respondeu a minha pergunta. Ele me disse simplesmente:

— A água também pode ser boa para o coração...

Eu não entendi sua resposta, mas eu me calei. Eu bem sabia que não deveria interrogá-lo.

Ele estava cansado. Ele se sentou. Sentei-me bem perto dele. E, após um silêncio, ele disse ainda:

— As estrelas são belas, por causa de uma flor que não se vê...

Eu respondi — claro — e eu olhava, sem falar, as dobras da areia sob a lua.

— O deserto é belo, — ele acrescentou...

E era verdade. Eu sempre gostei do deserto. Senta-se em uma duna de areia. Não se vê nada. Não se ouve nada. E, no entanto, algo brilha em silêncio...

— O que torna o deserto belo, — disse o pequeno príncipe, — é que ele esconde um poço em algum lugar...

Fiquei surpreso ao compreender, de

understood the mysterious shimmering of the sand. When I was a little boy, I lived in an old house and legend had it that it hid a buried treasure. Of course, no one had ever been able to find it, probably because no one had ever looked for it. But it cast a spell over the whole house. My house hid a secret deep in its heart ...

— Yes, — I said to the little prince. — Whether you're thinking of houses, stars or deserts, what gives them their beauty can't be seen.

— I'm glad you agree with my fox, — he said.

As the little prince was falling asleep, I picked him up in my arms and set off walking again, filled with emotion. I felt as if I were carrying a delicate treasure. It even felt as if nothing on Earth were more delicate than he. As I gazed at him in the moonlight with his pale forehead, closed eyes, strands of hair quivering in the wind, I said to myself: "What I see here is nothing but a shell. What matters most is what can't be seen ..."

As his lips opened slightly, as if in a half-smile, I said to myself once more: "What I find so deeply moving about this little sleeping prince, is his attachment to a flower, the image of a rose that radiates through him like a lantern flame, even while he sleeps." And he seemed more delicate still. You have to well protect lanterns: a breath of wind can blow them out ...

I walked on like this, and at daybreak I discovered the well.

repente, este brilho misterioso das areias. Quando eu era um menino, eu morava em uma casa antiga, e dizia a lenda que um tesouro havia sido enterrado lá. Claro, ninguém jamais conseguiu achar, ou talvez até mesmo não o procurou. Mas ele encantou aquela casa inteira. Minha casa escondia um segredo no fundo de seu coração...

— Sim, — eu disse para o pequeno príncipe, — seja em casa, nas estrelas, ou no deserto, o que os torna belos é invisível!

— Estou contente, — disse ele, — que você concorda com a minha raposa.

Como o pequeno príncipe adormecia, tomei-o em meus braços e retomei o caminho. Fiquei emocionado. Parecia estar levando um tesouro frágil. Parecia mesmo que não havia nada mais frágil na Terra. Eu lhe olhei, à luz do luar, aquela face pálida, aqueles olhos fechados, aquelas mechas de cabelo que tremulavam ao vento, e dizia a mim mesmo: "O que vejo aqui nada mais é do que uma casca. O mais importante é invisível..."

Como seus lábios entreabertos esboçavam um meio sorriso, eu também disse para mim: "O que me emociona tão profundamente neste pequeno príncipe adormecido é a sua lealdade a uma flor, é a imagem de uma rosa que brilha nele como a chama de uma lâmpada, mesmo quando ele dorme..." e eu lhe senti ainda mais frágil. Deve-se proteger as lâmpadas: uma rajada de vento pode apagá-las...

E, ainda caminhado, eu encontrei o poço ao amanhecer.

XXV

- **M**en, — said the little prince, — pile into express trains but they don't know what they're looking for. So they get excited and rush round in circles ...

And he added:
— It's not worth it ...

- **O**s homens, — disse o pequeno príncipe, — eles se empurram nas correntezas, mas eles não sabem o que estão procurando. Então, eles ficam agitados e ficam dando voltas...

E acrescentou:
— Não vale a pena...

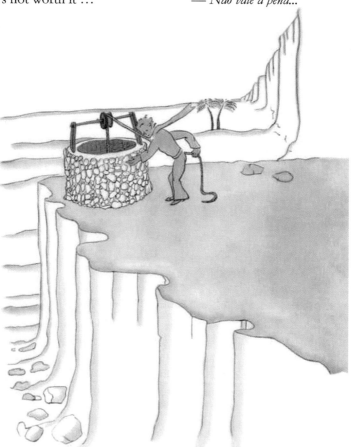

The well we had reached did not look at all like the wells of the Sahara. The wells of the Sahara are just holes dug in the sand. This one

O poço que tínhamos alcançado não parecia como os poços do Saara. Os poços do Saara são simples buracos cavados na areia. Aquele parecia um poço de aldeia.

was like a village well. But there was no village there, and I thought I was dreaming.

— It's strange, — I said to the little prince. — It's all ready, the pulley, the bucket and the rope …

He laughed, touched the rope, and set the pulley to work. The pulley creaked like an old weather vane after a long spell with no wind.

— Do you hear? — asked the little prince. — We have woken up this well, and it sings …

Not wishing him to strain himself:

— Let me do it, it's too heavy for you, — I said to him.

Slowly, I hoisted the bucket up and set it down, upright, on the rim. The song of the pulley was still in my ears and, on the surface of the still rippling water, I could see the shimmer of the sun.

— I am thirsty for this water, — said the little prince. — Give me some to drink …

And I understood what he had been searching for.

I lifted the bucket to his lips. Closing his eyes, he drank. It tasted sweet, as it would at a party. This water was very different from any ordinary food. It was born from the walk under the stars, the song of the pulley, the strain on my arms. It did the heart good, like a present. When I was a little boy, the lights of the Christmas tree, the music of the midnight mass, the sweetness of people's smiles, all formed part of the radiance of the Christmas gifts I received.

— The men in your world, — said the little prince, — grow five

Mas não havia nenhuma aldeia ali, e eu pensei que estava sonhando.

— É estranho, — disse eu para o pequeno príncipe, — está tudo pronto: a polia, o balde, a corda...

Ele riu, tocou a corda, e rodou a polia. E a polia gemeu como um cata-vento velho, que o vento já tinha esquecido há muito tempo.

— Você ouve, — disse o pequeno príncipe, — nós despertamos este poço, e este canto...

Eu não queria que ele fizesse um esforço:

— Deixe isto para mim, — eu disse, — é muito pesado para você.

Lentamente levantei o balde até a borda. Eu o coloquei bem aprumado. Em meus ouvidos, continuava o canto da polia e, na água que ainda tremia, eu via tremer o sol.

— Eu tenho sede dessa água, — disse o pequeno príncipe, — dá-me de beber...

E eu entendi o que ele havia procurado!

Eu ergui o balde até seus lábios. Ele bebeu, com os olhos fechados. Era doce como uma festa. Esta água era muito mais do que um alimento. Ela nasceu da caminhada sob as estrelas, o canto da polia, o esforço dos meus braços. Era boa para o coração, como um presente. Quando eu era um menino, a luz da árvore de Natal, a música da missa da meia-noite, a doçura de rostos sorridentes, também estavam em todo o brilho do presente de Natal que eu ganhava.

— Os homens em sua casa, — disse o pequeno príncipe — cultivam cinco mil

thousand roses in one garden, but they don't find what they are looking for.

— They don't find it, — I replied.

— Yet they could find what they are looking for in one single rose, or a little water ...

— That's true, — I said.

And the little prince added,

— But the eyes are blind. You have to search with the heart.

I had drunk the water. I was breathing easily. At daybreak the sand is the colour of honey. That honey colour made me happy, too. Why did I have to feel this grief ...?

— You must keep your promise, — the little prince said to me, softly, once more sitting down beside me.

— What promise?

— You remember ... a muzzle for my sheep ... I have to look after that flower ...

I took the rough sketches out of my pocket. The little prince looked them over, and laughed as he said:

— Your baobabs look a bit like cabbages ...

— Oh!

And I had been so proud of my baobabs!

— Your fox ... his ears ... they look a bit like horns ... and they're too long!

And he laughed again.

— That's not fair, little man. I didn't know how to draw anything except for boa constrictors, seen from the inside and the outside.

— Oh, it will be fine, — he said. — Children understand.

So I sketched a muzzle. And I

rosas num mesmo jardim... e eles não encontram aquilo que procuram.

— Eles não o encontram, — respondi...

— E enquanto eles estão procurando, poderia ser encontrado em uma única rosa ou um pouco de água...

— É claro, — eu respondi.

E o pequeno príncipe acrescentou:

— Mas os olhos são cegos. É preciso procurar com o coração.

Eu tinha bebido. Eu estava respirando bem. A areia, ao nascer do dia, é da cor do mel. Eu também estava satisfeito com esta cor de mel. Por que era preciso que eu tivesse pena...

— Você precisa manter sua promessa, — disse docemente o pequeno príncipe, — que, mais uma vez, estava sentado ao meu lado.

— Que promessa?

— Você sabe... uma focinheira para o meu carneiro... Eu sou responsável por esta flor!

Eu tirei do meu bolso meus rascunhos para desenho. O pequeno príncipe olhou para eles e disse, rindo:

— Seus baobás, eles se parecem um pouco com couves...

— Oh!

Eu estava tão orgulhoso de meus baobás!

— Sua raposa... as orelhas... elas parecem um pouco como chifres... e elas são muito compridas!

E ele riu ainda mais.

— Você não é justo, pequeno bom homem, eu não sabia desenhar nada além de jiboias fechadas e jiboias abertas.

— Oh! Não tem problema, — disse ele, — as crianças sabem.

Então eu desenhei uma focinheira. E

handed it to him with a heavy heart.

— You have plans that I don't know about …

But he didn't answer. He said:

— You know, my descent to Earth … tomorrow will be the anniversary …

He fell silent for a while, then went on:

— I came down not far from here …

And he blushed.

And I was overcome once more by a strange feeling of sadness, without knowing why. However one question occurred to me:

— So it wasn't by chance that, on the morning I met you, eight days ago, you were walking along, all alone like that, a thousand miles from any inhabited region! You were walking back to the place where you fell?

The little prince blushed again.

And I added, hesitantly:

— Because of the anniversary, perhaps?

The little prince blushed once more. He never replied to questions, but when someone blushes, doesn't that mean, "Yes"?

— Oh, — I said to him, — I'm frightened …

But he replied:

— You must work now. You must go back to your engine. I'll wait for you here. Come back tomorrow evening …

But I wasn't reassured. I remembered the fox. You risk shedding a few tears, if you let yourself become tamed …

eu estava com o coração apertado em lhe dá-la:

— Você tem projetos que eu ignoro...

Mas ele não me respondeu. Ele me disse:

— Você sabe, minha descida na terra... Amanhã será o aniversário dela...

Então, depois de um silêncio, ele disse ainda:

— Eu caí bem perto daqui...

E ele enrubesceu.

E, novamente, sem entender o porquê, eu senti uma estranha tristeza. Neste momento, me ocorreu uma pergunta:

— Então, não é por acaso que, na manhã em que eu te conheci, há oito dias, você estava passeando assim, sozinho, a mil milhas de qualquer região habitada? Você voltou para o local de sua queda?

O pequeno príncipe enrubesceu novamente.

E acrescentei, hesitante:

— Por causa, talvez, do aniversário...?

O pequeno príncipe enrubesceu mais uma vez. Ele nunca respondia às perguntas, mas quando se enrubesce, significa "sim", não é?

— Ah! — eu lhe disse, — eu tenho medo...

Mas ele me respondeu:

— Agora você deve trabalhar. Você tem que voltar para a sua máquina. E espero você aqui. Volte amanhã à noite...

Mas eu não estava tranquilo. Lembrei-me da raposa. Corre-se o risco de chorar um pouco se a gente se deixa domesticar...

XXVI

Beside the well there stood a ruin with an old stone wall. The following evening, as I walked back from my work I saw my little prince from some distance away, sitting on top of it, with his legs dangling. And I heard him say:

— So don't you remember? It wasn't here at all, — he said.

Another voice must have answered him, since he replied:

— Yes, yes! This is the right day, but this isn't the place ...

I went on walking towards the wall. There was still no one to be seen or heard. Yet the little prince answered again:

— ... Very well. You'll see where my trail starts in the sand. You'll just have to wait for me there. I'll be there by nightfall.

I was twenty metres away from the wall, and I still couldn't see anyone.

After a silence the little prince spoke again.

— Is your poison strong? Are you sure I won't have to suffer for long?

I stopped in my tracks, my heart missing a beat. But I still didn't understand.

— Now go away, — he said. — I want to get down again!

So I looked down at the foot of the wall, and I jumped! For there, facing the little prince, was one of those yellow snakes that can end your life in thirty seconds. As I dug

Havia, ao lado do poço, uma ruína de um velho muro de pedra. Quando voltei do meu trabalho, no dia seguinte à noite, vi de longe o meu pequeno príncipe sentado no alto, as pernas balançando. E o ouvi dizer:

— Você não se lembra então? — disse ele. — Não foi bem aqui!

Uma outra voz lhe respondeu, sem dúvida, porque ele replicou:

— Sim! Sim! Este é o dia, mas o lugar não é este ...

Eu continuei minha caminhada em direção ao muro. Eu não via nem ouvia ninguém. Entretanto, o pequeno príncipe respondeu de novamente:

— ...É claro. Você vai ver onde começa, o meu rastro na areia. Você só tem que me esperar. Eu estarei lá esta noite.

Eu estava a vinte metros da parede e eu ainda não via nada.

O pequeno príncipe disse ainda, depois de um silêncio:

— Você tem um veneno bom? Você tem certeza de não me fazer sofrer por muito tempo?

Parei com o coração pesado, mas eu ainda não entendia.

— Agora vá embora, — disse ele... — Eu quero descer de novo!

Então eu me abaixei com meus olhos voltados ao pé do muro, e pulei! Lá estava, erguida, de frente para o pequeno príncipe, uma dessas serpentes amarelas que matam em apenas trinta segundos.

into my pocket to pull out my revolver, I started to run, but at the sound I made the snake gently shimmered away across the sand, like the final jet from a fountain, and without any undue haste he slipped away between the stones with a slight metallic sound. I reached the wall just in time to take my little royal friend into my arms, his face white as snow.

Enquanto remexia meu bolso para pegar meu revólver, dei uma corrida, mas pelo barulho que eu fiz, a cobra deixou-se suavemente afundar na areia, como um jato de água que se extingue, e sem se apressar muito, enfiou-se entre as pedras com um leve ruído metálico. Cheguei à parede bem a tempo de pegar nos braços meu garotinho príncipe, pálido como a neve.

— What's all this about? Are you talking to snakes now?

I had loosened the golden scarf that he always wore. I moistened his temples and gave him a drink. And now I couldn't bear to ask him any more questions. He looked at me solemnly and wound his arms around my neck. I felt his little heart beating like a dying bird that someone had shot with a rifle. He said to me:

— I'm so glad you've found out what was wrong with your engine. Now you can go home ...

— Que história é essa? Agora você fala com serpentes!

Eu tinha desfeito seu eterno cachecol de ouro. Eu tinha molhado suas têmporas e tinha lhe dado de beber. E agora eu não ousei lhe perguntar mais nada. Ele me olhou com seriedade e abraçou meu pescoço. Eu senti seu coração batendo como o de um pássaro que morre, quando atingido por um tiro de carabina. Ele me disse:

— Estou contente porque você encontrou o que estava faltando em sua máquina. Você vai poder retornar a sua casa.

— How did you know?

I was just about to tell him that, contrary to all expectations, I had succeeded in my task!

He made no reply to my question, but added:

— I too am going home today.

— *Como você sabe?*

Eu vinha justamente avisá-lo que, contra toda esperança, eu tive sucesso em meu trabalho!

Ele não respondeu minha pergunta, mas acrescentou:

— *Eu também, hoje, volto para casa...*

Then, sadly:

— It's a lot further ... it's a lot more difficult ...

I had a clear sensation that something extraordinary was happening. I hugged him close to me like a small child, yet it still seemed to me as if he were sinking straight down into an abyss, and there was nothing I could do to stop him ...

There was a very solemn look in his eyes, as if he were far away.

— I have your sheep. And the box for the sheep. And the muzzle ...

And he gave a sad smile.

I waited for a long time. I felt he

Depois, melancólico:

— *É muito mais longe... é muito mais difícil...*

Eu senti que algo extraordinário acontecia. Eu o apertei em meus braços como uma criancinha, e no entanto ele me parecia que estava caindo em um abismo sem que eu pudesse fazer nada para segurá-lo...

Ele tinha um olhar sério, perdido muito longe:

— *Eu tenho o seu carneiro. E eu tenho a caixa para o carneiro. E eu tenho a focinheira...*

E ele sorriu com melancolia.

Eu esperei muito tempo. Eu senti que

was gradually coming back to life.

— My little man, you've had a fright …

He had certainly had a fright. But he laughed gently:

— I shall be much more frightened tonight …

Once again I went cold all over with the sense that something irrevocable was about to happen. And I knew I couldn't bear the idea that I would never hear that laugh again. It was like a spring in the desert to me.

— My little man, I want to hear you laugh again …

But he said to me:

— It was a year ago tonight. My star will be exactly above the place where I fell to Earth last year …

— My little man, surely it's no more than a bad dream, this business with the snake, and the meeting place, and the star …?

But he didn't answer my question. He said to me:

— What matters is what you don't see …

— Of course …

— It's like it is with the flower. If you love a flower that lives on a star, it's lovely to look at the sky at night. All the stars bloom.

— Of course …

— It's like it is with the water. The water you gave me to drink was like music, because of the pulley and the rope … you remember … it was lovely.

— Of course …

— At night you will look up at the stars. Where I live is too small

ele se reaquecia pouco a pouco:

— Garotinho, você estava com medo...

Ele estava com medo, é claro! Mas ele riu docemente:

— Eu vou ter muito mais medo esta noite...

Mais uma vez eu me senti gelado pelo sentimento de algo irreparável. E eu percebi que eu não suportava a ideia de nunca mais ouvir aquele riso. Era para mim, como uma fonte no deserto.

— Garotinho, eu ainda quero ouvir você rir...

Mas ele me disse:

— Hoje à noite, vai fazer um ano. Minha estrela estará logo acima do lugar onde eu caí no ano passado...

— Garotinho, não é que é essa história de serpente, de encontro, de estrela não passa um pesadelo...

Mas ele não respondeu a minha pergunta. Ele me disse.

— O que é importante não se vê.

— Claro...

— É como a flor. Se você gosta de uma flor que se encontra em uma estrela, é doce, à noite, olhar o céu. Todas as estrelas estão floridas.

— Claro...

— É como a água. Aquela que você me deu para beber era como uma música, por causa da polia e da corda... Você se lembra... foi bom.

— Claro...

— Você olhará, à noite, as estrelas. Aquela onde moro é muito pequena, para

to show you which star is mine. It's better that way. For you my star will be just one among all the stars. So you will enjoy looking them all ... they will all be your friends. And I'm going to give you a present as well ...

He laughed once more.

— Oh, little man, little man, I love the sound of that laughter!

— That's exactly what my present will be ... it will be as it was with the water ...

— What do you mean?

— Everyone has stars, but they don't mean the same. For some, who travel, the stars are their guides. For other people they are no more than little points of light. For some clever people they are problems. For my businessman they were gold. But all these stars are silent. You, you will have stars like nobody else ...

— What do you mean?

When you look up at the night sky, because I am living on one of them, because I am laughing on one of them, you will feel as if all the stars are laughing. You and only you will have stars that can laugh!

And he laughed again.

— And when you have got over your grief (and everyone gets over it in the end) you will be happy to have known me. You will always be my friend. You will want to laugh with me. And sometimes you will open your window, just like that, for the joy of it ... And your friends will be really amazed to see you laughing while watching the sky. And you will tell them: "Yes, the stars, they always make me laugh!" And they'll think you're mad. I'll

que eu possa lhe mostrar onde se encontra. É melhor assim. Minha estrela, será para você uma das estrelas. Então, você gostará de olhar todas as estrelas... Elas serão todas suas amigas. E então eu vou lhe dar um presente...

Ele riu ainda.

— Ah! garotinho, garotinho, eu gosto de ouvir este riso!

— Exatamente isto será meu presente... será como a água...

— O que você quer dizer?

— As pessoas têm estrelas que não são as mesmas. Para os que viajam, as estrelas são guias. Para outros, são nada mais do que luzinhas. Para outros, que são sábios, são problemas. Para o meu empresário elas eram de ouro. Mas todas estas estrelas se calam. Você, você tem estrelas como ninguém as tem...

— O que você quer dizer?

— Quando você olhar para o céu à noite, porque eu vou morar em uma delas, porque eu vou rir em uma delas, então será para você como se todas as estrelas estivessem rindo. Você terá para você, estrelas que sabem rir!

Ele riu ainda.

— E quando você for consolado (sempre se consola), você ficará contente por ter me conhecido. Você sempre será meu amigo. Você vai querer rir comigo. E então você vai abrir a sua janela, assim, para o prazer... e seus amigos ficarão muito surpresos ao vê-lo rindo olhando para o céu. Então, você lhes dirá: "Sim, as estrelas, isso sempre me faz rir!" E eles acharão que você está louco. Eu terei

have played a rotten trick on you …

And he laughed again.

— It will be as if I'd given you, instead of stars, lots of little tinkling bells that can laugh …

And he laughed again. Then he grew solemn once more.

— Tonight … you know … don't come.

— I'm shan't leave you.

— It will look as if I'm in pain … It will look a little as if I'm dying. It's like that. Don't come and watch, it's not worth it.

— I shan't leave you.

But he was worried.

— I mean it … also because of the snake. You mustn't get bitten … snakes are nasty creatures. They can bite for the fun of it …

— I shan't leave you.

But something seemed to reassure him:

— It's true they have no poison left for a second bite …

That night I didn't see him set off. He slipped away without a sound. When I managed to catch up with him he was walking along with a firm and rapid step. He just said:

— Oh! It's you …

And he took my hand. But he was still worried:

— You've done the wrong thing. You'll be upset. It will look as though I've died, but it will not be true …

I was silent.

— You must understand. It's

pregado uma boa peça...

E ele riu mais uma vez.

— Será como se eu tivesse lhe dado, ao invés das estrelas, um monte de sininhos que sabem rir...

Ele riu ainda. Depois ele ficou sério:

— Hoje à noite... você sabe... não venha.

— Não vou deixá-lo.

— Eu parecerei estar passando mal... Eu parecerei estar morrendo. É assim. Não venha ver isto, não vale a pena...

— Eu não vou deixá-lo.

Mas ele estava preocupado.

— Eu lhe digo isto... é também por causa da serpente. Não é preciso que ela o morda... Serpentes são más. Ela pode morder apenas por prazer...

— Não vou deixá-lo.

Mas algo o tranquilizou:

— É verdade que elas não têm mais veneno para uma segunda mordida...

Naquela noite eu não o vi se pôr a caminho. Ele saiu sem fazer barulho. Quando eu consegui alcançá-lo ele estava andando decidido, a passos rápidos. Ele me disse apenas:

— Ah! você está aqui...

E ele me tomou pela mão. Mas ele ainda se atormentava.

— Você estava errado. Você será punido. Eu parecerei estar morto, e isto não será verdade...

Eu me calei.

— Você entende. É muito longe. Eu

too far away. I can't take this body with me. It's too heavy.

I was silent.

— But it will just be like an old, discarded shell that is left behind. There's nothing sad about old shells …

I was silent.

He was a bit discouraged. But he tried again:

— It will be nice, you know. I will look up at the stars as well. All the stars will be wells with a rusty pulley. All the stars will pour water for me to drink …

I was silent.

— It will be so amusing! You will have five hundred million little tinkling bells, I will have five hundred million fountains …

And he was silent too, because he was weeping.

— Here it is. Let me step forward by myself.

And he sat down because he was afraid.

não posso levar este corpo. É muito pesado.

Eu me calei...

— Mas isso será como uma velha casca abandonada. Isto não é triste, as velhas cascas...

Eu, eu me calei...

Ele estava um pouco desanimado. Mas ele fez mais um esforço:

— Vai ser bom, você sabe. Eu também olharei para as estrelas. Todas as estrelas serão poços com uma polia enferrujada. Todas as estrelas vão me dar água para beber...

Eu me calei...

— Isto será muito divertido! Você terá quinhentos milhões de sinos, eu terei quinhentos milhões de fontes...

E ele também se calou, porque ele chorava...

— É lá. Deixe-me dar um passo sozinho.

E ele sentou-se porque tinha medo.

He went on:

— You know … my flower … I'm responsible for her! And she's so delicate. And so naïve. She has four completely useless thorns to protect her against the whole world …

I sat down because I couldn't stand up any longer. He said:

— There … that's it …

He hesitated a little longer, then got to his feet. He took one step. I couldn't move at all.

There was nothing but a flash of yellow near his ankle. He stood motionless for a moment. He made no sound. He fell as gently as a tree falls. It didn't make the slightest sound, because of the sand.

He fell as gently as a tree falls.

Ele disse ainda:

— Você sabe... minha flor... Eu sou responsável por ela! E ela é tão fraca! E ela é tão ingênua. Ela tem quatro espinhos de nada para protegê-la contra o mundo...

Sentei-me porque eu não conseguia ficar de pé. Ele disse:

— Pronto... isso é tudo...

Ele ainda hesitou um pouco, depois se levantou novamente. Ele deu um passo. Eu, eu não podia me mover.

Não houve nada, a não ser um clarão amarelo perto do seu tornozelo. Ele permaneceu imóvel por um momento. Ele não chorou. Ele caiu tão suavemente como uma árvore cai. Ele nem sequer fez barulho, por causa da areia.

Ele caiu tão suavemente como uma árvore cai.

XXVII

And by now, sure, six years have already passed ... I have never yet told this story. When my friends saw me again they were well content to find I was still alive. I was sad, but I told them "It's the exhaustion."

Now I feel less grief. At least ... not exactly. But I am quite sure that he has gone back to his planet because, when morning came, I didn't find his body again. It was not such a heavy body ... and I love to listen to the stars at night. It's like five hundred million little bells tinkling ...

But then something unusual has happened. When I drew the muzzle for the little prince, I forgot to add its little leather strap! He will never be able to fasten it to the sheep. So I keep wondering "What has happened on his planet? It may well be that the sheep has eaten the flower ..."

Sometimes I say to myself: "Surely not! The little prince puts his flower under a glass cloche every night, and keeps a close eye on his sheep ..." And then I'm happy. And the laughter from all the stars sounds sweet.

But at other times I think: "You can always be forgetful, sometime or other, and that's all it takes. He forgot the glass cloche one evening, or maybe the sheep got out in the night without making a sound ..." And then the little tinkling bells all change into tears ...

E agora, claro, já faz seis anos... Eu nunca mais contei esta história. Os camaradas que me viram novamente estavam bem contentes em me rever vivo. Eu estava triste mas lhes dizia: "É o cansaço..."

Agora eu estou um pouco consolado. Quer dizer... não totalmente. Mas sei bem que ele voltou ao seu planeta, porque, ao nascer do dia, não encontrei seu corpo. Não era um corpo verdadeiramente pesado... E eu gosto de escutar as estrelas à noite. São como quinhentos milhões de sinos...

Mas eis que acontece algo de extraordinário. A focinheira que eu desenhei para o pequeno príncipe, esqueci de juntá-la à correia de couro. Ele nunca a poderia colocar no carneiro. Então me pergunto: "O que aconteceu em seu planeta? Pode ser que o carneiro tenha comido a flor..."

As vezes digo a mim mesmo: "Claro que não! O pequeno príncipe tranca sua flor todas as noites sob seu globo de vidro, e ele vigia bem seu carneiro..." Então fico feliz. E todas estrelas riem suavemente.

Tão logo me digo: "Fica-se distraído uma vez ou outra, e é suficiente! Ele esqueceu, uma noite, o globo de vidro, ou o carneiro saiu sem fazer barulho durante a noite..." Então os sinos se mudam todos em lágrimas!...

Here lies a very great mystery. For you who also love the little prince, and for me as well, nothing in the universe can be the same if somewhere, we don't know where, a sheep that we don't know has eaten a rose ... yes or no?

Look up at the sky. Ask yourself: "Has the sheep eaten the flower, yes or no?" And you will see how nothing is the same ...

And no grown-up will ever understand how important this is!

Isto é um mistério bem grande. Para vocês que também gostam do pequeno príncipe, como eu, nada no universo é parecido se, em alguma parte, não se sabe onde, um carneiro que nós não conhecemos, sim ou não, comeu uma rosa...

Olhe para o céu. Peça: "O carneiro comeu sim ou não a rosa?" E você verá como tudo muda...

E nenhum adulto jamais compreenderá que isso tenha tamanha importância!

This, for me, is the loveliest and the saddest landscape in the world. It's the same landscape as the one on the page before, but I've drawn it once more so you can see it properly. It's here that the little prince appeared on the Earth, and then disappeared.

Look at this landscape carefully so that you can be sure to recognise it if, one day, you travel to the African desert. And if you happen to pass that way, please don't hurry on, but wait for a little while right under the star! Then, if a child comes up to you, if he is laughing, if he has golden hair, if he doesn't answer when you question him, you'll easily guess who he is. So do me a favour! Don't leave me feeling so sad: write to me soon to let me know he is back ...

Esta é, para mim, a mais bela e mais triste paisagem do mundo. É a mesma paisagem que aquela anterior, mas eu a desenhei mais uma vez ainda para lhe mostrar bem. É aqui que o pequeno príncipe apareceu sobre a terra, depois desapareceu.

Olhe atentamente esta paisagem a fim de ter certeza de reconhecê-la, se você algum dia viajar para a África, no deserto. E, se chegar a passar por lá, eu lhe suplico, não se apresse, espere um pouco bem sob a estrela! Se então, uma criança vier até você, se ela ri, se ela tem os cabelos de ouro, se ela não responde quando perguntada, você adivinhará que é ele. Então seja gentil! Não me deixe triste: escreva-me rápido que ele voltou...

Antoine Marie Roger de Saint-Exupéry

Postscript – Posfácio

The Colour of Corn – A cor do trigo

It is truly an honour for me to be able to write this postscript, as it has been to prepare these new editions of 'The Little Prince', particularly in these bilingual editions. I hope they may facilitate the reading of the author's original text, in his own words, even for those who don't speak French well, so that they can appreciate all of its extraordinary evocative force.

However I had no wish to write a postscript that was too serious and boring because I think, actually, the Little Prince wouldn't like that. So before starting to write I went for a little walk around my planet, in the world of grown-ups and children, and in the one of my daydreams and memories. And I came back with a very short story, or perhaps more an anecdote, that I could tell you about my little asteroid-star, in case, one day, the Little Prince might come to visit me.

A short little story that I will try to tell you, readers, as well, instead of the boring postscript that I ought to write, and which I am sure that not even grown-ups would ever read ...

Today, as usual, since I now have to play my part in the grown-up world almost all the time, I should have

É uma verdadeira honra, para mim, poder escrever este posfácio e completar a publicação destas novas edições do O Pequeno Príncipe, e mais particularmente as edições bilíngues, que poderão, eu espero, facilitar a leitura do texto original do autor, de suas próprias palavras, e compreendido por aqueles que não conhecem bem o francês, afim que eles apreciem seu extraordinário poder de evocação.

Não queria escrever um posfácio sério demais ou enfadonho, porque creio que não agradaria de jeito nenhum ao Pequeno Príncipe. Então, antes de escrevê-lo, dei uma volta pelo meu planeta, no mundo dos homens e das crianças e naquele da minha fantasia e de minhas recordações. E depois voltei, portando comigo, uma pequena história, ou talvez fosse melhor dizer, uma anedota, que eu poderia contar desde a minha pequena estrela-asteroide, caso o Pequeno Príncipe viesse um dia me visitar.

Uma pequena história que eu vou tentar contar, a você também que está me lendo, ao invés do enfadonho posfácio que supostamente deveria escrever e que os adultos provavelmente nem sequer iriam ler...

Hoje, como de costume, desde que faço parte do mundo dos adultos quase todo o tempo, eu deveria ter feito as mil coisas

carried my usual hundred and one tasks, paying attention to the vortex of time and the life that swirls around me.

And instead, I switched off the alarm clock and went back to sleep.

I got up late; and had breakfast looking at the sun.

Then I went out and visited the hairdresser. I had my hair cut very, very short, so I would be better able to feel the caresses of the breeze that comes with the springtime and to hear the stories it tells as it sweeps through the streets and the sky.

Finally I made for the woods, but not to look for mushrooms or even just to go for a walk, but to sow cherry trees.

I did it to remind me of a loved one who used to tell me fairy tales when I was a little boy, and who, above all others, set me on the literary path: my grandmother.

When I was a little boy, walking in the chestnut woods with her, I often happened to see cherry trees, so I asked her, whoever would have planted these cherry trees in the middle of the woods, among the wild plants. The first few times I asked, my grandmother replied that they had been planted by the wind or the birds. But seeing as I kept on asking her again and again, it was clear that I wasn't at all satisfied with her answer, so she decided to make up a story ...

My grandmother loved telling stories, almost as much as reciting the poems she had learnt by heart.

The story she made up was really a sequel to Antoine de Saint'Exupery's 'The Little Prince', which we had by then read together several times. It was

habituais mais uma, para dar atenção ao furacão do tempo e da vida que turbina meu entorno.

E ao invés disso, desliguei o despertador, e voltei a dormir.

Me levantei tarde e tomei meu café da manhã olhando para o sol.

Depois saí e fui ao cabeleireiro, para cortar o cabelo bem curto, para melhor sentir as carícias e histórias do vento que está trazendo a primavera, enquanto corta a estrada e o céu.

Enfim, fui na floresta, mas não para buscar cogumelos ou simplesmente passear, mas para semear cerejeiras.

Eu o fiz para homenagear uma querida pessoa que me contava fábulas quando eu era pequeno e que mesmo antes dos outros, me conduziu ao caminho das palavras: minha avó.

Quando eu era menino e andava nas florestas de castanheiras com ela, acontecia muitas vezes que, vendo as cerejeiras, lhe perguntava quem tinha plantado aquelas cerejeiras em meio às plantas selvagens. As primeiras vezes, minha avó me respondia que era o vento ou então que os pássaros tinham semeado, mas vendo que eu não parava de repetir aquela pergunta, evidentemente pouco satisfeito com a resposta, decidiu então inventar uma outra história...

Minha avó adorava contar histórias, quase tanto quanto recitar poesias para o coração.

A história que ela inventou era mesmo uma possível continuação do Pequeno Príncipe de Antoine de Saint'Exupery que tínhamos lido juntos várias vezes; e ela

about a hypothetical return to Earth of the Little Prince, so he could meet his friend the fox again.

contava de um retorno hipotético para a terra do Pequeno Príncipe para rever sua raposa.

That fox who had allowed himself to be tamed, after telling him how to do it; that fox whom he would remember after he left him and who, every so often, would have felt nostalgia for the moments they had spent together, whenever he happened to see the colour of corn.

That fox who had wanted to belong to him, as the rose belonged to him, so he could love him and recognise him even among a thousand others.

Her story told of what happened to the Little Prince who had come back to Earth and wandered all over the planet searching for his fox. In order to leave a sign understandable to the fox that he

Aquela raposa que se deixou domesticar, depois de ter-lhe ensinado como fazer; aquela raposa que iria se lembrar dele depois de sua partida e que provaria novamente a nostalgia dos momentos passados juntos sempre que parasse para observar a cor do trigo.

Aquela raposa que queria pertencer à ele, como ele havia pertencido à rosa, porque ele poderia amá-la e reconhecê-la também no meio de outras mil.

A história narrava o evento do Pequeno Príncipe, que após ter retornado à Terra, vagando pelo planeta em busca da sua raposa e que, para deixar um sinal de sua

had passed by, he decided to sow something along the way that would remind to the fox of his rose, in the places where the fox might be looking at the colour of the corn and thinking of him.

passagem que a raposa pudesse reconhecer, tinha decidido semear ao longo do caminho algo que poderia lembrar à raposa sua rosa, onde, a raposa observando a cor do trigo, pensaria nele.

That was how he came to think of sowing red poppies in the cornfields.

However he ended up searching for the fox in the mountains, covered with forests of chestnuts, where no corn could grow. But how similar to corn were the chestnut trees, because of the opportunity they offered for harvesting flour but above all for the colour of their autumn leaves. So there, instead of poppies, to remind the fox of his red rose in the middle of the colour of golden corn, in the middle of these fields of trees, he decided to sow the seeds of trees with red fruit, the cherries.

So that's why you can find them in the woods. The very same trees that I used to ask my grandmother about who had planted them … just as you can find poppies in the cornfields.

'The little prince came this way', she said.

Foi assim que ele teve a ideia de semear papoulas nos campos de trigo.

Do contrário, se ele chegasse a procurar a raposa entre as montanhas cobertas de castanheiros, onde o trigo não cresce, mas onde se acredita que ele se parece mais, além da possibilidade de fazer farinha, sobretudo, pela cor das suas folhas de outono. Era exatamente como os castanheiros ali, nestes campos feitos de árvores. Em vez de haver papoulas para lembrar a raposa da sua rosa no meio da cor dourada do trigo, ele decidiu plantar as árvores com frutos vermelhos, as cerejeiras.

E é por isso que eles se encontram hoje nas florestas, exatamente como aquelas mesmas, as quais pedia explicações à minha avó para me explicar sobre quem as tinha plantado... Assim como hoje nos campos de trigo são encontradas papoulas.

Lá havia passado o Pequeno Príncipe, ela me dizia.

And that is why today, when I wanted to think about what to write in the postscript for this edition of the 'Little Prince'; to remember my grandmother and the stories she used to tell me; to revisit her among the stories and memories, and in the very world of grown-ups and children where the Little Prince is still looking for his fox ... I went for a walk in the woods and sowed cherry trees along the way.

Mesmo hoje, para pensar sobre o que escrever em um posfácio para esta edição de O Pequeno Príncipe, e para lembrar minha avó e as histórias que ela me contava, e até um pouco para poder reencontrá-la entre a fantasia e as recordações, nesse mesmo mundo de adultos e crianças, onde em algum lugar o pequeno Príncipe está à procura da sua raposa... Eu fui em torno dos bosques de castanheiras e plantei árvores de cerejeira ao longo do caminho.

Wirton Arvel

Brief technical note about the translation: In English as well as in Portugues and in the original French, the term "flower" is feminine and referring to it in reality the author could refer to his beloved. While the term "fox" is masculine and referring to it in reality the author could refer to his best friend.

*A **Breve nota técnica** sobre a tradução:* Em Português, bem como no Inglês e no original em Francês, o termo "flor", é feminino e, supostamente, se referindo a ele, na realidade, o autor refere-se à sua amada. Embora em Francês e Inglês o termo "raposa", ao contrário do Português, é masculino e, supostamente, se referindo a ele, na realidade, o autor refere-se ao seu melhor amigo.

Thank you

Dear reader, thank you for reading this book/eBook.

If you have met with any problems, misprints or anything else you would like to tell me about, please send an email directly to Kentauron Publishers (kentauron@kentauron.com). You'll receive an updated copy in eBook format.

If you enjoyed it, you can leave a review at the store where you purchased it. Apart from being much appreciated it will be an incentive for new publications.

Happy reading!

Obrigado

Caro leitor, obrigado por ler este livro/e-book.

Se você encontrou problemas, erros de digitação ou de enquadramento, você pode enviar um e-mail diretamente para a redação da Kentauron (kentauron@kentauron.com). Uma nova edição em formato e-book será enviada para você.

Se o livro lhe agradou, você pode deixar um comentário na loja onde o comprou. Além de ser muito bem-vindo, ele vai servir de incentivo para novas publicações.

Boa leitura

News and book promotions

To keep you informed about latest upcoming publications and promotions (free eBooks included), join our mailing lists of readers and friends:

http://smarturl.it/eBooksNews

or follow us on Twitter (@KentauronS) and Facebook (www.facebook.com/Kentauron)

Novidades e livros em promoção

Para ser informado sobre as próximas publicações e livros em promoção (inclusive e-books gratuitos), inscreva-se em nossa lista de endereços de leitores e amigos:

http://smarturl.it/eBooksNews

ou siga-nos no Twitter (@KentauronS) e no Facebook (www.facebook.com/Kentauron)

More from Kentauron

Outros livros Kentauron

Short Stories

Contos

- Jack's Wagers (Le scommesse di Jack) (Wirton Arvel)
- Time House (La casa del tempo) (Wirton Arvel)

Prose Poems & Poetic Stories

Poesias Contadas e Prosa Poética

- Wandering among the stars (Vagabondando fra le stelle) (Wirton Arvel)

Novels

Romances

- La clessidra vuota (Brunella Pernigotti)

Fairy Tales

Fábulas

- Facciamo finta che… (Brunella Pernigotti)

Bilingual Parallel Text Editions (English – Italian and other Languages)

Edições bilíngues com texto em paralelo (Inglês - Italiano e outras línguas)

- The Wonderful Wizard of Oz - Il Meraviglioso Mago di Oz (L. Frank Baum)
- Alice's Adventures in Wonderland - Le Avventure di Alice nel Paese delle Meraviglie (Lewis Carroll)
- A Christmas Carol - Cantico di Natale (Charles Dickens)
- The Rime of the Ancient Mariner - La Ballata del Vecchio Marinaio (Samuel Taylor Coleridge)

- 101 poems to read in London & New York... - 101 poesie da leggere a Londra e New York...: (Best English Poetry Collection from Shakespeare to early 20th century)
- The Subjection of Women - La servitù delle donne (John Stuart Mill)
- Carmina - Poesie (Gaio Valerio Catullo)
- Cinderella - Cenerentola (Charles Perrault)
- Three Men in a Boat - Tre uomini in barca (Jerome K. Jerome)
- Le Petit Prince – Il Piccolo Principe (Antoine de Saint-Exupéry)
- Jack's Wagers - Le scommesse di Jack (Wirton Arvel)

Poetry Collections   *Antologias de poesias*

- Aedi, Bardi e Poeti - Cantori, Trovatori e Vati (Antologia della Poesia: XII-XIV secolo ([con poesie Occitane e Italiane])
- 101 Poems to Read in London & New York.. or Easily from Home... (Antologia della poesia inglese, da Shakespeare ai primi del '900)

For an updated list of works and to find out more details of all books published by Kentauron, please visit main online stores (Amazon Store smarturl.it/Kentauron)

Consulte as principais lojas on-line para ver a lista mais recente e descobrir mais detalhes sobre os livros publicados pela Kentauron (loja Amazon: smarturl.it/Kentauron)

http://www.kentauron.com

24754488R00070

Printed in Poland
by Amazon Fulfillment
Poland Sp. z o.o., Wrocław